다음 세대를 생각하는
인문교양 시리즈

아우름 51

다음 세대를 생각하는
인문교양 시리즈

아우름
51

공부란 무엇인가

우리가 지금 공부해야 하는 이유

한근태 지음

공부를 왜 해야 할까요?

제 어린 시절은 불행하지는 않았지만 행복한 것도 아니었습니다. 경제적으로는 겨우 밥을 먹는 수준이었지요. 부모님은 늘 돈 때문에 싸우셨습니다. 어머니는 들어갈 돈은 많은데 돈이 없으니 불평을 했고, 고지식한 월급쟁이 아버지는 "그럼 나보고 어떡하란 말이야? 도둑질이라도 하라는 거야?"라며 맞섰지요. 저는 그게 너무 싫었습니다. 돈 없는 것도 싫었지만 돈 때문에 싸우는 부모의 모습이 정말 싫었습니다. 어떻게 해서라도 가난을 벗어나고 싶었습니다. 다른 방법은 없었습니다. 오직 하나, 공부를 잘하는 것뿐이었습니다.

그래서 중학교 시절 죽기 살기로 공부했습니다. 그 결과

당시 일류 학교인 경복고등학교에 들어갔습니다. 고등학교 3년의 시간은 온전히 서울대학교를 가기 위해 투자했습니다. 틈틈이 친구들과 농구도 하고 교회도 다니면서 나름 잘 보냈지만, 늘 제 머릿속을 지배하는 건 서울대 입학에 대한 꿈이었습니다. 당시 경복고에서는 전교에서 200명 이상이 서울대를 갔었고 저도 무난하게 서울대 공대에 입학했습니다. 그런데 대학 입학 후 저는 공부에 정나미가 떨어졌습니다. 정말 지긋지긋했습니다. 책은 들여다보기조차 싫었고 공부와는 담을 쌓고 지냈지요. 당시 저에게 공부는 '정말로 하기는 싫지만 좋은 대학에 들어가기 위한 수단'이었습니다. 제 삶을 바꾸고 싶은데 공부 외에는 달리 방법이 없어 택한 선택이었습니다.

60대 중반이 넘은 지금, 저는 공부에 대해 어떻게 생각할까요? 지겹기도 하고 힘들기도 하지만 공부는 나름 필요한 과정이라고 생각합니다. 보통 주입식 교육이라고 하면 부정적으로 생각하는데, 저는 동의하지 않습니다. 주입할 건 주입해야 합니다. 달리 방법이 없습니다. 어느 정도 지식의 주입이 있어야 그다음에 이유도 생각하고 의미도 따질 수 있습니다. 머릿속에 든 게 없으면 연결이고 창의성이고 나올 수 없습니다.

잘살고 싶나요? 전문가라는 말을 듣고 싶나요? 억대 연봉을 받으면서 폼 나게 살고 싶나요? 좋은 차 끌고 좋은 집에서 멋진 배우자와 알콩달콩 살고 싶나요? 그럼 어떻게 해야 할까요? 공부 외에 다른 대안이 있나요? 재테크를 하겠다고요? 주식에 투자를 하겠다고요? 부모님이 건물주라 임대료만 받으면 된다고요? 그러면 공부를 중단하고 학교를 중퇴하세요. 대학도 가지 말고요. 그리고 여러분 생각대로 한번 살아보길 바랍니다. 30살쯤 되면 대충 감이 올 겁니다. 아니 그렇게까지 오래갈 것도 없습니다. 취직 시즌이 오면 바로 느낌이 옵니다. 공부를 하지 않으면 어떤 결과가 오는지.

글로벌하게 사업을 하고 싶다고요? 그런데 할 줄 아는 외국어가 하나도 없다고요? 그러면 꿈 깨세요. 불가능합니다. 영어와 한자, 중국어는 기본입니다. 외국어를 못하는데 무슨 외국인 상대로 장사를 합니까? 불가능한 일입니다. 인공지능 관련 일을 하겠다고요? 그런데 수포자라고요? 그러면 아예 말도 꺼내지 마세요. 예전에도 그랬지만 미래에는 수학의 중요성이 더 커집니다. 통계, 데이터의 축적과 해석, 알고리즘 등이 모두 수학입니다. 수학을 못하면 선택의 폭이 엄청

줄어듭니다. 요즘 취직이 어렵다고 하지만 개발자, 데이터 전문가, 알고리즘 설계자는 억대 연봉을 주고도 구하지 못합니다.

제 주변에는 부자가 참 많습니다. 그들의 공통점은 대부분 공부를 잘했고 일류 학교를 나왔다는 겁니다. 학생 때는 공부를 해야 합니다. 그것도 그냥 대충해서는 안 됩니다. 죽기 살기로 해야 합니다. 한 가지만 잘해도 먹고 산다고요? 세상에 그런 거짓말이 어디 있나요? 김연아 손흥민 같은 사람을 예로 드는데 그런 사람은 하늘이 낸 인물입니다. 그 정도의 재능은 아무나 가질 수 있는 게 아닙니다. 외국의 경우에는 운동선수도 열심히 공부하고 운동은 과외 시간에 합니다. 그렇기 때문에 운동을 그만두어도 먹고살 수 있습니다. 그러나 한국에서는 예체능을 하면 공부를 하지 않기 때문에 그걸 중단하는 순간 밥벌이 수단이 사라집니다. 대부분 경제적 문제로 힘들어합니다.

그런 면에서 학생 때는 충실하게 공부하는 게 최선입니다. 세상에는 진실이 아니지만 진실처럼 전해져 오는 수많은 거짓말이 있습니다. '행복은 성적순이 아니잖아요'가 대표적입니다. 공부를 못하는 것이 행복이냐고 저는 반문하고 싶습니다. 근거가 무엇이냐고 따지고 싶습니다. 제가 생각하는 공부의 목적 중 하나는 과학적 사고를 배우는 것입니다. 과학적 사고란 어떤 말을 들었을 때 그게 진실인지를 따져보는 것입니다. 공부와 행복의 상관관계에 대해서도 과연 공부를 안 해도 되는지, 공부를 못해도 먹고사는 데 지장이 없는지, 공부를 못해도 잘살 수 있는 확률은 어떻게 되는지를 따져 봐야 합니다. 그러면 그게 얼마나 말도 안 되는 거짓말인지 바로 알 수 있습니다.

공부를 왜 해야 할까요? 공부가 필요 없다면 왜 재벌이나 잘사는 집 아이들이 열심히 공부할까요? 그렇게 돈이 많으면 임대료나 받으면서 편하게 지내도 될 텐데, 왜 부자들은 자녀를 명문 대학에 보내려고 갖은 애를 쓸까요? 공부하지 않으면 세상을 모르고, 그러면 갖고 있는 돈마저 날릴 가능성이 높기 때문입니다.

학생 시절 공부가 중요한 이유 중 하나는 성실성 때문입니다. 공부를 잘한다는 건 성실하다는 이야기입니다. 성실성은 자기 말에 책임을 지는 걸 말합니다. 내 인생은 내가 책임지겠다는 마음의 발현입니다. 부모나 환경을 탓하는 걸 넘어 내 인생에 최선을 다하겠다는 의지의 표현입니다. 힘들어도 아침에 일어나 학교에 가고, 과제를 하고, 하기로 한 일을 하면서 책임을 지는 것입니다. 별게 아닌 것 같지만 가장 중요한 덕목입니다. 성실성이 없으면 아무리 머리가 좋아도 소용없습니다.

공부는 사실 그렇게 힘들지 않습니다. 정해진 커리큘럼에 따라 책을 읽고, 이해하려 노력하고, 어려운 문제를 풀고, 단어를 외우고, 시험을 보고, 새롭게 깨닫는 과정입니다. 그런 공부조차 제대로 못하는 사람이 더 힘든 일, 더 고단한 사회생활을 잘할 수 있을 거라고 생각하나요? 말이 되지 않습니다. 공부는 못하는데 사업을 잘한다고요? 그야말로 0.1%의 사람이 만든 기적입니다. 보통 사람에게는 거의 일어나지 않는 일입니다. 무슨 일이든 처음부터 잘하고 좋아할 수는 없습니다. 첫 과정은 억지로 하고, 해야만 합니다. 해야만 하는 일에는 대부분 이유가 있는 법입니다. 공부가 바로 그러합니다.

저를 비롯해 제 친구들은 대부분 개룡남입니다. 개천에서 난 용들입니다. 공통점은 오직 하나입니다. 공부를 열심히 하고 잘했다는 것이고, 그래서 일류 대학을 나와 각 분야의 전문가로 성장할 수 있었습니다. 사실 공부가 가장 쉽습니다. 투자 대비 효과가 높습니다. 성공 확률도 가장 높습니다. 일단 열심히 하고 잘해보세요. 만약 공부를 괜히 했다는 생각이 들면 저를 찾아오셔도 좋습니다. 오늘도 열심히 공부하는 여러분을 응원합니다.

한근태

차례

3장 공부를 하는 최선의 방법

1장

공부의
쓸모

지식이란
무엇인가

○

제가 생각하는 지식은 말하기와 글쓰기입
니다. 지식은 정보를 흡수해 나름대로 소
화한 후 말을 하면서 다듬고 글로 쓰면서
점점 정교하게 만드는 것입니다. 고로 말
로 전달할 수 없는 것은 지식이 아닙니다.
말로는 하는데 글로 전달할 수 없다면 그건
반쪽짜리 지식입니다.

아는 만큼 보인다는 말이 있습니다. 뒤집어 이야기하면 모르면 보이지 않는다는 말입니다. 돈을 버는 것도 그렇습니다. 만약 공부가 돈이 된다는 걸 젊은이들이 안다면 어떤 일이 벌어질까요? 하지 말라고 해도 기를 쓰고 공부할 겁니다. 직장인들이 자기 돈 써가며 재테크, 주식 강의에 구름처럼 몰리는 걸 보면 이를 알 수 있습니다. 요즘 부동산값이 천정부지로 뛰면서 젊은이들이 빚을 내어 주식 투자를 하는 경향이 있습니다. 저는 늘 이들에게 투자와 투기의 차이에 대해 질문합니다. 투자와 투기는 무엇이고 어떻게 다르냐는 것이죠. 제대로 답하는 이들이 많지 않습니다.

아는 곳에 돈을 넣으면 투자, 모르는 곳에 돈을 넣으면 투기입니다. 부동산도 그렇습니다. 몇 년간 열심히 책도 읽고 발품을 팔면 시장이 보입니다. 어느 곳에 돈을 넣으면 수익이 날지 판단할 수 있습니다. 하지만 그렇게 하는 사람이 별로 없습니다. 대부분 남이 하는 이야기를 듣고 혹해서 돈을 넣고 나중에 땅을 치며 후회합니다.

《부의 인문학》이란 책이 있습니다. 돈 버는 방법을 전하는 재테크 책이지만 사실 고전 경제학을 일반인의 눈으로 쉽게 풀어 재해석한 책입니다. 저자는 그 지식으로 젊은 나이에 큰돈을 벌고 은퇴해서 잘 먹고 잘 살고 있다고 합니다. 저는 이 책을 읽고 '지식이 곧 돈이다. 지식이 있으면 그걸로 돈을 벌 수 있다'는 생각이 들었습니다. 공부를 해야 하는 가장 큰 이유는 폭넓고 깊은 지식을 얻기 위함입니다. 공부해야 지식을 얻을 수 있습니다. 너도 알고 나도 알고 누구나 아는 걸로는 도저히 돈을 벌 수 없습니다.

그렇다면 지식이란 무엇일까요? 공자의 생각은 이렇습니다. "아는 것을 안다고 하고 모르는 것을 모른다고 하는 것이 참지식이다." 최고의 지식은 자신이 모른다는 사실을 아는 것입니다. 제가 생각하는 지식은 정보를 활용하여 무언가를 창출해 내는 능력입니다. 제가 생각하는 지혜는 지식의 축적을 통해 사물의 이치를 꿰뚫어 볼 수 있는 능력입니다. 지식으로는 단순히 사물의 진위를 식별할 수 있을 뿐이지만, 지혜는 이를 넘어 사물의 미추와 가치까지 판별합니다. 지혜란 지식에 경험이 축적되어 통찰력을 갖게 된 단계입니다.

모니터 컴퍼니의 최고지식관리자인 앨런 켄트로Allen Kentro는 지식 피라미드의 개념을 다음과 같이 설명합니다.

"지식의 출발점은 데이터다. 데이터를 특정 상황과 연계시켜 의미를 부여할 때 정보가 된다. 이 정보를 테스트하고 그 결과가 축적돼 타당성이 입증되면 지식이 된다. 마지막으로 지식이 시의적절한 행동으로 옮겨질 때 지성intelligence 또는 행동을 위한 지식이 된다. 지식이 이 단계에 이를 때 비로소 경쟁 우위를 창출하는 요소가 된다."

정보 수집은 고객을 감동시킬 수 있는 지식을 생산하는 데 중요한 원료로 사용될 뿐 곧바로 부를 창출해 내는 것이 아닙니다. 어떤 분야에서 일을 하건 고객들이 필요로 하고 그들을 감동시킬 수 있는 독특한 지식을 지속적으로 생산해 낼 수 있다면 높은 소득을 올릴 수 있습니다. 과거처럼 어떤 자격증을 가지고 시장에 진출한다고 해서 그 이후의 삶이 보장되는 것은 아닙니다. 꾸준히 학습하면서 차별화된 지식을 쌓아 가치를 만들어낼 수 있어야 합니다.

저는 국비로 유학을 다녀왔습니다. 나라에서 돈을 대주는 만큼 조건이 까다롭습니다. 일정 이상의 학점을 받아야 하고, 기간 안에 학위를 취득해야 합니다. 그 기간을 넘기면 돈이 나오지 않습니다. 그래서 저는 늘 학위를 따지 못하는 것에 대한 강박 관념이 있었습니다. 꿈을 꿔도 꼭 학위 취득에 실패해 서울로 돌아오는 꿈을 꾸곤 했습니다. 처음에는 수업과 시험에 대한 걱정이 가장 컸습니다. 영어 학원 한 번 안 다니고 미국 사람들과 이야기 한 번 안 해본 제가 과연 영어로 하는 수업을 알아들을 수 있을까 걱정했습니다. 그런데 전공이 공학이고 수식이 많아 참을 만했습니다. 가끔 시험 범위와 수업 변경에 대한 내용을 못 알아들었지만 수업후 확인하는 방식으로 해결했습니다. 오히려 시험에서는 미국 학생들과 비교해 압도적 우위를 자랑했습니다. 워낙 수업을 듣고 외우고 정리해 시험 보는 것에 훈련이 잘되어 있었기 때문입니다. 처음 본 큠cum(cumulative exam의 약자. 8번을 붙어야 박사 자격이 있는데 통과하지 못해 박사 학위를 못 끝내는 사람이 제법 있었습니다)에 붙어 내심 제가 천재 아닌가 하는 의심까지 했습니다. 물론 그 의심은 그다음부터 연속으로 떨어지는 바람에 그렇지 않다는 것이 증명됐습니다.

박사 학위를 위한 2년간의 코스워크에는 아무 문제가 없었습니다. 이제 실험만 하고 논문만 쓰면 되었습니다. 사실 연구소 경험도 있어서 별걱정은 하지 않았습니다. 그런데 문제가 생기기 시작했습니다. 내가 다닌 학교는 박사 논문을 쓰기 전 포멀 프레젠테이션formal presentation이란 과정이 있었습니다. 어떤 논문을 쓸 것인지를 미리 고민해 전 대학원생과 교수 앞에서 발표하는 시간입니다. 제목, 개요, 가설, 실험의 목적과 과정 등을 설명해야 합니다. 여기서 사람들의 의견과 피드백을 받은 후 본격적인 실험에 들어가게 됩니다.

한국말도 아닌 영어로 많은 학생과 교수들 앞에서 발표를 해야 하니 얼마나 준비했겠습니까? 몇 달간 잠도 설쳐가며 준비했습니다. 미리 질문할 사람까지 선정하고 리허설도 했습니다. 그런데 이상했습니다. 발표를 시작했는데 지도 교수의 표정이 좋지 않은 겁니다. 뭔가 맘에 들지 않은 것 같았습니다. 발표하는 중간에 지도 교수가 그만하라고 하면서 "미스터 한, 당신 대학 나온 사람 맞아요?"라고 묻습니다. 모욕적인 질문이었습니다. 당연히 "네, 한국에서 가장 좋은 서울대학교를 나왔습니다"라고 답했습니다. 그러자 "그런데 발표가 그게 뭡니까? 대학에서 발표해 본 경험이 있습니까?"라고 묻습니다. 생각해 보니 발표한 기억이 거의 없었습니다. 늘 받아 적고 시험 본 게 대부분이었습니다. 머뭇거리자 "미스터 한은 전혀 훈련이 되지 않았어요"라고 말하면서 피드백을 하기 시작했습니다.

발표 내용에 대한 피드백은 심플했습니다. "서론이 왜 이리 길죠? 본론 기다리다 숨넘어가겠어요. 그래서 하겠다는 말의 요점이 뭔가요?" 이어 태도에 대한 피드백이 시작되었습니다. "왜 청중을 보지 않고 칠판을 보죠? 당신이 설득할 대상이 칠판이에요, 청중이에요? 왜 눈을 맞추지 못하고 땅을 봐요? 자료의 글씨가 왜 그렇게 작죠? 뒤에 앉은 사람이 볼 수 있다고 생각해요? 왜 장표 하나에 여러 메시지를 넣는 거죠?" 등등. 발표 내용에 대한 피드백보다 발표 순서, 스킬, 장표에 대한 이야기만 잔뜩 했습니다. 얼마 뒤 다시 발표했습니다. 지난번에 비해 좋아졌지만 지도 교수를 만족시킬 때까지 여러 번 발표해야 했고 꽤 오랜 시간이 걸렸습니다.

처음에는 지도 교수를 원망했습니다. 내용이 중요하지 형식이 뭐 그리 중요한가 하고 생각했습니다. 발표 내용은 보지 않고 자세와 스킬을 가지고 쪼잔하게 이야기하는 교수님이 미웠습니다. 그런데 그게 아니었습니다. 그건 제 착각이었습니다. 발표하는 걸 보면 그 사람을 알 수 있습니다. 제가 지도 교수 앞에서 헤맨 것은 사실 제가 내용을 잘 이해하지 못했기 때문입니다. 내용을 잘 알지 못하니 중언부언했고 거기다 스킬까지 떨어지니 문제가 된 것입니다.

지식을 무엇이라고 생각하나요? 혼자만 알고 있는 것이 지식일까요? 남에게 전달할 수 없는 것을 지식이라고 할 수 있을까요? 아는 것은 많은데 전달력이 떨어진다는 말에 대해 어떻게 생각하나요? 그래서 자신이 저평가되고 있다는 변명에 대해 어떻게 생각해야 할까요?

지식은 한자로 '知識'입니다. 지知를 파자하면 화살 시矢에 입 구口입니다. 지란 아는 것을 화살처럼 입으로 쏟아내는 것입니다. 입으로 유창하게 뱉을 수 없는 것은 지가 아닌 것이죠. 식識은 말씀 언言에 찰흙을 뜻하는 시戠로 구성되어 있습니다. 말씀을 찰흙에 새긴다는 말입니다. 쓰기를 뜻합니다.

제가 생각하는 지식은 말하기와 글쓰기입니다. 지식은 정보를 흡수해 나름대로 소화한 후 말을 하면서 다듬고 글로 쓰면서 점점 정교하게 만드는 것입니다. 고로 말로 전달할 수 없는 것은 지식이 아닙니다. 말로는 하는데 글로 전달할 수 없다면 그건 반쪽짜리 지식입니다. 머리로만 아는 건 제대로 된 지식이 아닙니다. 그건 관념입니다. 알고 있다고 생각하지만 제대로 아는 것이 아닙니다. 이를 끄집어 다른 사람 앞에서 설득력 있게 설명할 수 있고 글로 옮길 수 있어야 참지식입니다. 이를 자꾸 사용하여 몸에 배었을 때 비로소 안다고 할 수 있습니다. 대부분 우리가 안다고 생각하는 것은 아는 게 아니라 안다고 착각하는 겁니다.

공부를 해야 하는 이유는 지식의 폭과 깊이를 넓게 하고 깊게 하는 것입니다. 지금은 돈이 많지만 지식은 없는 사람과 현재는 돈이 없지만 돈이 되는 지식이 많은 사람 중 하나를 택하라면 여러분은 누구를 택할 건가요? 저는 지체 없이 후자를 택할 겁니다. 지금의 현금보다 현금을 창출할 수 있는 지식을 갖고 싶습니다. 여러분은 어떠한가요?

안다는 것의
다섯 가지
단계

○

제가 생각하는 아는 것의 정의는 실천입니
다. 아는 것을 실천하지 않으면 아는 게 무
슨 소용이 있을까요? 알면서 하지 않는 것
보다는 모르지만 실천하는 게 낫습니다.
안다는 건 실천한다는 것이고, 실천하지
않는다는 건 모르는 것입니다.

세상에서 가장 위험한 사람이 누구일까요? 아는 건 별로 없는데 확신으로 넘치는 사람입니다. 사실 확신으로 넘치는 이유는 무지하기 때문입니다. 잘 모르기 때문에 알량한 지식을 세상 지식의 전부로 착각해 확신을 만들어내는 것이죠. 그런 사람의 종말은 볼 것도 없습니다. 그렇다면 상대적으로 안전한 사람은 누구일까요? 많이 알지만 늘 부족하다고 생각하여 자꾸 공부하고 질문하고 더 알려고 노력하는 사람입니다. 자신이 아는 것과 모르는 것을 잘 구분하고 계속해서 공부하려는 사람입니다. 사실 아는 게 많을 수록 모르는 것도 늘어납니다. 아는 게 없으면 궁금한 것도 사라지는 법입니다.

인생은 100미터 달리기가 아니라 마라톤과 같습니다. 한꺼번에 왕창 공부하고 공부와 담을 쌓는 것보다는 꾸준히 공부하면서 자신을 갈고닦는 게 중요한데, 그 방법 중 하나가 지속적인 독서입니다. 저는 지속적인 독서가 사람을 얼마나 변화시키는지 체감하고 있습니다. 젊은 시절부터 독서를 습관으로 할 수 있다면 엄청난 무기를 장착한 것과 같습니다. 여러분은 독서를 하나요? 아니면 거의 분서갱유焚書坑儒(중국의 진시황제가 서적을 불태우고 수많은 유생을 구덩이에 생매장한 일) 수준으로 살고 있나요?

"사람이 책을 만들고, 책이 사람을 만든다." 독서와 관련해 가장 유명한 격언입니다. 참 좋은 말이지만 과연 이게 진실일까요? 책만 읽는다고 다 괜찮은 사람이 될까요? 책이 사람을 바꾸지는 않습니다. 책을 많이 읽지만 별로인 사람도 많습니다. 바뀌려는 사람, 변화를 꿈꾸는 사람이 책을 읽고 바뀌는 것입니다. 이 격언을 이렇게 바꾸고 싶습니다. '간절히 변화하려는 사람이 책을 읽을 때 비로소 변화는 시작된다.' 간절하지 않은 사람이 취미 삼아 건성건성 책을 읽으면 변화가 일어나지 않습니다. 책에서 보고 깨우친 걸 행동으로 옮길 때 비로소 변화가 일어나기 시작합니다.

책을 읽는 것과 읽어서 아는 것과 아는 것을 실천하는 일은 완전 별개의 일입니다. 대부분은 읽기만 합니다. 거기서 끝납니다. 일부는 읽고 고개를 끄덕입니다. 나름 뭔가를 깨우친 것이죠. 남들이 모르는 것을 자신이 아는 걸로 나아졌다고 생각합니다. 책을 읽는 목적은 무언가를 알기 위해서입니다. 그걸 알고 써먹기 위해서 책을 읽습니다. 이를 위해서는 우선 안다는 것의 단계를 나눌 필요가 있습니다. 제가 생각하는 안다는 것의 다섯 가지 단계입니다.

첫째, 들어본 적이 있는 걸 말하는 것입니다. 초보 단계입니다. 운동에 비유해 봅시다. 제가 운동을 하는 이유 중 하나는 체지방을 줄이고 근육을 키우는 것입니다. 그래서 건강한 몸을 만드는 것입니다. 하나도 새로울 게 없습니다. 근육이 중요하다, 나이가 들수록 근육이 중요하다는 건 책이나 언론을 통해 귀가 아프도록 들었습니다. 그런데 대부분의 사람은 거기서 끝입니다. 그들이 생각하는 안다는 것의 정의는 한두 번 들어본 적이 있다는 걸 뜻합니다. 엄격한 의미에서 이는 아는 것이 아닙니다. 그런 건 들어본 적이 있다고 말해야 합니다. 대부분의 사람은 이를 안다고 착각합니다.

둘째, 배운 것을 실천해 몸으로 변화를 느껴보는 것입니다. 실천은 두 가지로 나눌 수 있습니다. 하나는 한두 번 해보고 중단하는 것이고, 또 다른 하나는 꾸준히 실천해 나만의 습관으로 만드는 것입니다. 해보는 것이 안 해보는 것보다는 낫습니다. 하지만 몇 번 하고 그만두는 건 엄격한 의미에서 아는 것이 아닙니다. 그건 그저 맛만 본 것입니다. 며칠운동하고 운동에 대해 이야기할 수 없습니다. 책을 서너 권읽어보고 독서에 대해 말할 수는 없습니다. 이는 마치 이유식을 먹어본 아기가 음식에 대해 평론하는 것과 같습니다.

셋째, 자신이 아는 걸 가르칠 수 있는 단계입니다. 오랫동안 실천하면 그것에 대해 사람들에게 설명할 수 있습니다. 설명도 두 가지로 나눌 수 있습니다. 이론적 배경 없이 자기 경험을 늘어놓는 것과 자기 체험에 다양한 이론적 지식을 더해 논리적으로 설명하는 것이 그것입니다. 만약 어떤 것에 대해 호소력 있게 설명할 수 있다면 그는 제법 아는 것입니다. 이 정도 되면 뭔가 아는 사람이라고 할 수 있습니다.

그런 면에서 누군가를 가르치면 실력이 늘게 됩니다. 자신의 부족한 면도 알게 되고 체계적으로 공부도 하고 책도 읽게 됩니다. 무언가를 제대로 알기 위해서는 누군가를 가르쳐보아야 합니다. 그래서 교수들이 점점 유식해지는 것입니다. 가르치다 보면 배우게 되고, 배우다 보면 가르치고 싶은 것입니다. 그 유명한 교학상장教學相長(가르치고 배우는 과정에서 스승과 제자가 함께 성장함)인 것이지요.

넷째, 그것에 대해 평가하고 코멘트하는 것입니다. 흔히 멘토mentor라는 말을 많이 하는데 멘토의 정의를 알고 있나요? 영어로 'ment'는 생각하게 한다는 말입니다. 멘토는 생각하게 만드는 사람입니다. 코멘트comment 역시 참석자들을 생각하게 만드는 과정입니다. 그래서 코멘트는 보통 상사가 맨 마지막에 합니다. 회의를 들은 후 그것에 대해 종합적으로 정리하고 자기 의견을 이야기하는 겁니다. 이게 회의에서 가장 중요합니다. 그 사람의 마지막 코멘트가 그 사람의 수준입니다. 그걸 들으면 그 사람이 어떤 사람인지 알 수 있습니다. 그런데 이는 아무나 할 수 있는 일이 아닙니다. 전반적인 사안에 대해 완벽하게 이해하고 남들보다 한 단계 위에 있어야 가능한 능력입니다.

마지막은 아는 것의 실천입니다. 제가 생각하는 아는 것의
정의는 실천입니다. 아는 것을 실천하지 않으면 아는 게 무
슨 소용이 있을까요? 알면서 하지 않는 것보다는 모르지만
실천하는 게 낫습니다. 운동의 중요성을 백날 말로 떠드는
것보다 운동의 중요성은 모르지만 매일 운동하는 사람이 훨
씬 낫습니다. '착하게 살자'라고 문신을 하고 다니지만 정작
사람을 괴롭히는 조폭보다 그런 개념은 없지만 실제 착하게
사는 사람이 훨씬 양질입니다. 안다는 건 실천한다는 것이
고, 실천하지 않는다는 건 모르는 것입니다.

저는 젊은이들이 부러운 게 하나 있습니다. 바로 좋은 눈
을 가졌다는 게 참으로 부럽습니다. 만약 제가 젊은이의 눈
을 가질 수 있다면 정말 좋은 책을 실컷 읽고 싶습니다. 지금
여러분이 가진 것이 영원하지 않다는 사실을 기억하세요. 특
히 눈이 그렇습니다. 눈이 좋을 때 이를 낭비하지 말지어다.

시험을
잘 보는
요령

○

시험은 그나마 가장 쉽고 정확하게 사람을
평가할 수 있는 방법입니다. 앞으로도 시
험 제도는 절대 사라지지 않을 겁니다. 그
렇기 때문에 시험에 대해 불평하는 대신 시
험이란 무엇이고, 시험을 어떻게 잘 볼 것
인지를 생각하는 게 현명합니다.

평소에 실력은 있는데 시험을 망쳤다는 사람이 많습니다. 반대로 시험만 보면 평소 실력보다 잘 보는 사람도 있습니다. 여러분은 어디에 속하나요? 시험을 망친 사람은 왜 망쳤다고 생각하나요? 어느 게 진짜 실력일까요? 저는 결정적 순간에 시험을 잘 보는 게 진짜 실력이라고 생각합니다. 평소에 공부를 잘해도 시험을 망친다면 실력이 없는 거라고 생각합니다.

저는 학생 시절 '시험 없는 세상'에 살고 싶다는 생각을 자주 했습니다. 아마 여러분도 비슷한 생각을 할 겁니다. 그런데 시험이 없다면 어떻게 사람을 평가하고 구분할 수 있을까요? 요즘 공평과 공정 같은 말을 많이 하는데, 여러분이 생각하는 최고의 공평은 무엇인가요? 제가 생각하는 최고의 불공평은 모든 사람을 공평하게 대하는 겁니다. 일을 잘하는 사람이나 못하는 사람이나, 공부를 잘하는 사람이나 못하는 사람이나 똑같이 대하는 겁니다. 세상에 이보다 더 불공평한 일은 없습니다. 시험은 그나마 가장 쉽고 정확하게 사람을 평가할 수 있는 방법입니다. 앞으로도 시험 제도는 절대 사라지지 않을 겁니다. 그렇기 때문에 시험에 대해 불평하는 대신 시험이란 무엇이고, 시험을 어떻게 잘 볼 것인지를 생각하는 게 현명합니다.

저는 초등학교 때부터 중학교 입학시험 공부를 했습니다. 6학년 때 무시험으로 바뀌었지만 어린 시절부터 경쟁 속에서 성장했습니다. 중학교 때는 일류 고등학교를 가기 위해 열심히 공부했고 경복고에 진학했습니다. 전국에서 천 명 안에 들어야 갈 수 있는 학교입니다. 대학은 서울대 공대에 들어갔는데 이 역시 이과 중 전국 천 명 안에 들어야 가능합니다. 이후 국비 유학생 선발 시험에도 붙었는데 제 전공에서 두 명만 뽑는 아주 힘든 시험이었습니다. 모든 시험을 한 번에 붙었으니 저는 나름 시험에 강한 사람입니다. 어떻게 하면 시험을 잘 볼 수 있을까요?

일단 관련한 책 《클러치》를 소개하고 제 생각을 이야기하겠습니다. 결정적 순간에 무너지는 사람이 있습니다. 평소 수석을 놓치지 않던 학생이 본시험을 망칩니다. 연습 게임에서 완벽하던 선수가 올림픽에서 무너집니다. 압박감을 견디지 못했기 때문입니다. 반면 어떤 사람은 압박감을 즐기고 스트레스가 최고조에 달할 때 능력을 발휘합니다. 클러치clutch란 두려움이나 통증을 꽉 움켜쥔다는 뜻으로, 결정적 순간에 흔들리지 않는 사람을 클러치맨이라고 합니다.

압박감 극복을 위해서는 세 가지가 필요합니다. 첫째, 포커싱입니다. 말 그대로 잡생각 대신 지금의 문제에 집중하라는 겁니다. 시험에 떨어지면 어떻게 하나, 잘 못 보면 큰일인데 같은 생각을 버리고 지금 문제에만 집중하는 것입니다. 둘째, 자제력입니다. 클러치 상황을 극복하기 위해서도 자제력이 필요합니다. 욕심을 버려야 합니다. 이를 위해서는 커다란 목표를 잘게 쪼개야 합니다. 이번 시험 못 본 걸 다음 시험으로 연장하면 안 됩니다. 셋째, 적응력입니다. 하수는 모든 게 계획대로 진행될 것을 가정하고 일을 합니다. 고수는 늘 변수를 계산하고 이에 대한 준비를 합니다. 세상에는 수많은 변수가 있습니다. 온상에서 자란 화초는 조금만 바람이 불면 생존하지 못합니다. 예상하지 못한 일이 벌어지면 당황합니다. 클러치맨이 되기 위해서는 과도한 기대를 조심해야 합니다. 온 국민의 성원과 관심을 한 몸에 받던 스포츠 스타들이 올림픽 예선조차 통과하지 못하는 일이 왕왕 있습니다. 과도한 기대에 부담을 느꼈기 때문입니다. 자기 과신도 조심해야 합니다. 자신감은 필요하지만 자기 과신은 위험합니다. 자기 과신은 연습을 하지 않아도 잘할 수 있을 거란 오만입니다. 자신감은 자신을 믿고 준비를 갖추되 약간의 겸손함을 유지하는 것입니다. 어떠셨나요? 여러분은 압박을 받을 때 힘이 나나요? 아니면 무너지나요?

제가 생각하는 시험 잘 보는 요령을 몇 가지 소개합니다.

첫째, 공부하면서 출제자의 의도를 생각해야 합니다. 내가 출제자라면 어떤 문제를 낼까를 생각하는 겁니다. 물론 과목 전체에 대한 이해가 있어야 가능한 일이지만, 내가 출제자라는 생각을 하면 예상 문제를 짐작할 수 있고 잘 볼 확률이 높아집니다.

둘째, 지식을 완벽하게 알아야 합니다. 시험을 잘 못 보는 이유 중 하나는 어설프게 알기 때문입니다. 그러면 조금만 응용을 해도 문제를 풀 수 없습니다. 그렇기 때문에 개념을 이해하는 게 매우 중요합니다. 그런데 개념은 늘 용어에 있고, 용어의 70%는 한자어입니다. 개념을 한자와 영어로 바꿔보고 그게 정확하게 어떤 뜻인지를 이해하는 것이 좋습니다. 그냥 단어를 외운 사람과 그 단어의 어원과 유래를 아는 사람은 차원이 다릅니다.

셋째, 배운 걸 소화하는 나름의 시간과 방법이 필요합니다. 공부에서 최악은 뺑뺑이를 돌면서 하는 겁니다. 쉬는 시간, 소화할 시간 없이 머릿속에 쑤셔 넣는 겁니다. 공부한 것 같지만 사실 남는 게 없습니다. 벼락치기 공부는 최악의 방법입니다. 입력 시간보다 중요한 것은 이를 머릿속으로 떠올리는 겁니다. 영어로 이를 'retrieve'라고 합니다. 책을 보지 않고 머릿속으로 생각하는 겁니다. 그러다 기억나지 않는 부분만 다시 보는 겁니다. 자기 전에 외워야 할 걸 보고 잠자리에 드는 것도 효과적입니다. 그러면 뇌가 알아서 이를 기억해 줍니다.

넷째, 배운 걸 주변 사람에게 써먹는 것도 좋은 방법입니다. 남에게 설명하면서 다시 한번 되새김질할 수 있거든요. 가르치는 것이 최고의 학습법인 이유이기도 합니다.

다섯째, 가장 중요한 건 지식을 자신의 것으로 만드는 겁니다. 배운 걸 도표로 표시하거나 글로 쓰면서 자기 지식이 되게 하는 겁니다. 어디선가 들었던 것은 내 지식이 아닙니다. 이게 내 속으로 들어와 내 방식으로 표현할 수 있을 때 비로소 내 것이 됩니다. 그 방법 중 하나가 도표로 그리거나 글로 재정리하는 겁니다.

여섯째, 요약과 발췌입니다. 모든 걸 외우는 것만큼 멍청한 일은 없습니다. 그럴 필요도 없고 그럴 가치도 없습니다. 특히 영어나 국어, 지리나 사회 등은 핵심 개념이 가장 중요합니다. 텍스트를 읽으면서 늘 핵심이 무엇인지, 가장 중요한 세 가지가 무언지를 생각해야 합니다. 요약하고 요약하는 것이 가장 좋은 훈련입니다.

평소에만 잘하는 것은 실력이 아닙니다. 평소 실력을 결정적인 순간에 발휘할 수 있어야 진정한 실력입니다. 이를 위한 왕도는 평소 성실하게 준비하고, 자꾸 깨져보고, 여러 경우의 수에 대비해 보는 것입니다. 집중하고 몰입하는 것입니다. 쓸데없는 곳에 에너지를 쓰지 않는 것입니다.

직업과
공부

○

결국 공부는 자신을 찾아가는 과정입니다.
성실하게 공부하면 자신이 원하는 일을 할
수 있고, 일을 하면서 싫어하는 면과 좋아하
는 면과 잘하는 면을 알 수 있습니다. 그런
면에서 공부와 일은 깊은 관계가 있습니다.

여러분은 어떤 직업을 갖고 싶나요? 어떤 종류의 일을 하고 싶나요? 변호사, 판사, 과학자, 의사, 교수나 교사, 회계사, 세무사 등 많은 직업이 있습니다. 그런 일을 하기 위해서는 어떤 공부를 해야 할까요? 사실 인생에는 중요한 결정들이 아주 많은데, 그중 으뜸은 결혼이고 그다음이 직업입니다. 어떤 일로 밥을 먹느냐 만큼 중요한 결정은 많지 않습니다. 문제는 직업을 결정할 때 너무 모르고 한다는 겁니다. 여기서는 그것에 대해 이야기하고자 합니다.

어떤 일이 되었건 원하는 직업을 갖기 위해서는 공부를 잘

해야 합니다. 공부에서 압도적 우위를 가져야 합니다. 그래야 대안이 많아집니다. 인생에서는 그게 참 중요합니다. 공부를 잘하면 선택의 폭이 넓어집니다. 가고 싶은 전공을 골라서 갈 수 있습니다. 하지만 공부를 못하면 갈 수 있는 전공이 제한적일 수밖에 없습니다. 그렇기 때문에 중고교 시절에는 공부를 효과적으로 잘해서 옵션을 늘려야 합니다.

다음은 직업에 대해 생각해야 합니다. 국어, 수학, 영어 공부도 중요하지만, 내가 왜 열심히 공부해야 하는지를 알아야 하는 이유 중 넘버원은 바로 직업입니다. 많은 사람이 공부를 열심히 하는 이유는 바로 자신이 원하는 직업을 갖기 위해서입니다. 공부 그 자체가 목적이 아닙니다. 공부는 수단입니다. 좋은 직업을 갖기 위한 수단, 일을 잘하기 위한 수단, 대인 관계를 원활하게 하기 위한 수단입니다. 특히 직업과 공부는 밀접한 관계를 갖고 있습니다. 그렇기 때문에 내가 원하는 직업에 대해 공부해야 합니다. 도대체 그 직업이 어떤 직업인지를 명확히 알아야 합니다.

꽤 많은 직업은 안과 밖이 다릅니다. 일반인의 눈에는 엄청 좋아 보이지만 안에 들어가면 별로인 직업이 많습니다. 반대로 이미지는 별로지만 꽤 괜찮은 직업도 많습니다. 무엇보다 직업은 적성에 잘 맞아야 합니다. 그렇기 때문에 학교 공부만큼 일에 대한 공부를 해야 합니다. 다양한 직업에 관심을 갖고 공부를 해야 합니다. 예를 들어, 의사가 되고 싶은 사람이 있다고 합시다. 그러면 실제 의사를 만나보세요. 어떻게 해서 의사가 되었는지, 어떤 보람이 있고 어떤 애로가 있는지, 의사가 되기 위해 어떤 공부를 해야 하는지, 후회되는 일이 있는지 등등. 당사자를 만나기 어려운 경우에는 부모가 그런 직업을 가진 자녀를 만나 이야기를 듣는 것도 방법입니다.

직업과 관련해 놀라운 사실이 하나 있습니다. 대부분의 젊은이는 자신이 무엇을 좋아하고 잘하는지 모른다는 것입니다. 이는 실제 일을 하면서 알 수밖에 없습니다. 그렇기 때문에 자신의 직업에 제한을 두는 건 위험합니다. 이과, 문과로 나눌 필요도 없습니다. 이 일을 하다가 저 일을 할 수 있고, 의사를 하다가 변호사가 될 수도 있습니다. 특히 요즘은 지식의 반감기가 줄면서 기존의 공부가 필요 없어지고, 새로운 공부의 필요성이 커지고 있습니다. 대표적인 것이 코딩 수업입니다. 전공과 직업이 같은 경우도 있지만 대부분은 저처럼 전공 따로, 직업 따로일 가능성이 높습니다.

그런데 일과 공부 사이에는 어떤 상관관계가 있을까요? X축은 일이고 Y축은 공부로 생각해 보면 좋을 것 같습니다. X축은 일을 한다, 일을 안 한다로 나눌 수 있고, Y축은 공부를 한다, 공부를 안 한다로 나눌 수 있습니다. 그러면 네 가지 분면이 나옵니다. 최악은 공부도 안 하고 일도 안 하는 겁니다. 쓸모없는 인간입니다. 최선은 공부도 잘하고 일도 잘하는 겁니다. 바람직합니다. 두 가지가 남습니다. '공부는 안 하지만 일은 잘한다'와 '공부는 잘하지만 일은 안 한다'가 그것입니다. 사실 공부를 안 하고 일을 잘하기는 어렵습니다. 특히 전문적인 일은 그렇습니다. 의과대학을 나오지 않고 의사가 될 수 없고, 로스쿨을 나오지 않고 검사나 판사가 될 수 없습니다. 문제는 공부는 잘하는데 일을 안 하거나 일을 하긴 하지만 잘 못하는 겁니다. 이게 문제입니다. 그런 사람을 룸펜이라고 합니다. 가방끈은 긴데 아무런 부가가치를 내지 못하는 사람을 말합니다. 이건 정말 곤란합니다. 왜 이런 룸펜이 될까요? 공부가 일로 연결되지 못했기 때문입니다. 일하는 보람을 느끼지 못했기 때문입니다.

사실 일이 공부입니다. 아니 일이 최고의 공부 중 하나입니다. 대부분 공부라고 하면 대학에 가기 위해, 아니면 무슨 자격증을 따기 위해, 공무원이나 법조인이 되기 위해 등을 연상합니다. 물론 이런 것도 공부입니다. 저는 공부에는 두 종류가 있다고 생각합니다. 책에서 배우는 공부와 길에서 배우는 공부가 그것입니다. 한 손에는 망치를 들고 다른 한 손에는 책을 드는 공부가 진짜 공부라고 생각합니다. 최선은 두 개를 병행하는 겁니다. 그런 면에서 저는 알바가 되었건 심부름이 되었건 어린 나이부터 일할 걸 권합니다. 그런데 그냥 일하는 것은 의미가 없습니다. 일을 하면서 끊임없이 질문하고 배우는 겁니다.

일은 내가 누구인지를 발견하는 좋은 과정입니다. 저는 서울대 공대 섬유공학과를 나와 미국에서 공학박사 학위까지 받고 대기업에서 임원 생활을 했습니다. 지금은 책을 쓰고 기업 교육과 컨설팅을 합니다. 직장 시절 많이 했던 일 중 하나가 직원 교육이었습니다. 제 일은 아니었지만 최연소 임원이란 이유로 교육을 많이 했습니다. 해야만 했습니다. 당시에는 제 일도 아닌데 직원 교육 같은 일을 왜 해야 하는지 불만이 많았지만, 지금 생각하면 그 덕분에 지금의 일을 할 수 있다고 생각합니다. 교육을 하면서 제가 가르치는 일을 좋아하고 잘한다는 사실을 알 수 있었습니다. 그런 면에서 일은 자신을 발견하는 좋은 수단입니다.

흔히 좋아하는 일을 하면 행복하고 성공할 수 있다고 이야기합니다. 중요한 건 좋아하는 일을 어떻게 찾느냐는 것입니다. 자신이 무슨 일을 잘하고 좋아하는지는 생각만으로 찾을 수 없습니다. 혼자 가만히 있으면 절대 알 수 없습니다. 일을 해보면 좋아하는 일을 찾는 데 도움이 됩니다. 싫은 일, 하기 싫은 일을 해봐야 내가 정말 좋아하는 일을 알 수 있습니다.

결국 공부는 자신을 찾아가는 과정입니다. 성실하게 공부하면 자신이 원하는 일을 할 수 있고, 일을 하면서 싫어하는 면과 좋아하는 면과 잘하는 면을 알 수 있습니다. 그런 면에서 공부와 일은 깊은 관계가 있습니다. 여러분은 장차 어떤 직업을 갖고 싶나요?

전공이란
무엇인가

○

한 가지 전공을 가지고 한 직장에서 평생을
보내는 시대는 이미 끝났습니다. 기존에
배운 걸 주기적으로 버리고 새로운 지식을
공부하고 새로운 일을 해야만 하는 시대가
되었습니다. 그런 면에서 전공에 대한 나
름의 생각을 정리해야 합니다.

전공만큼 인생에 지대한 영향을 미치는 것은 별로 없습니다. 아무 생각 없이 성적에 맞춰 선택했다가는 그 결과가 엄청납니다. 제가 그렇습니다. 저는 섬유공학과에 입학한 후 바로 뭔가 잘못되었다는 느낌을 받았습니다. 이건 제 길이 아니란 생각이 들었습니다. 교수님의 강의에 전혀 관심이 가지 않았습니다. 그저 공대가 좋고 섬유업이 돈을 많이 번다는 정도의 정보만 가지고 전공을 선택한 결과입니다. 당연히 수업은 등한시했으며 친구들과 어울려 술 먹고 연애를 했습니다. 그래도 전공이 그러하니까 엘지화학에 들어갔고, 고분자공학으로 박사 학위까지 받았고, 40

대 초반까지는 이 전공으로 먹고살았습니다. 문제는 적성에 맞지 않으니 시너지가 나지 않고 그저 굶어 죽지 않을 정도로만 일했다는 것입니다.

그런데 이후의 삶은 달라졌습니다. 저는 전공에 연연하지 않았습니다. 40대 초반에 MBA를 하면서 컨설팅 회사로 자리를 옮겼고, 경영대학원 교수를 하면서 공학에서 경영학으로 전공을 바꿨습니다. 경영학만 한 사람보다 공학을 하고 경영학을 한 사람의 경쟁력이 더 좋습니다. 그러다 책 소개를 하면서 저자의 삶을 살게 되었습니다. 몸에 대한 공부를 하고 한자 공부도 해서 책을 냈고, 언어에도 관심을 가져 관련 책도 몇 권 썼습니다.

그렇다면 제 전공은 무엇일까요? 남들이 제게 전공이 무엇인지 물으면 저는 전공 불문이라고 답을 합니다. 제 전공이 뭔지 모르겠습니다. 무엇이 전공인지 헷갈립니다. 섬유공학과를 졸업했지만 섬유와는 담을 쌓고 지냈으니 제 전공은 분명 아닙니다. 대기업 연구소에서 고분자물질을 몇 년 다루었으나 지금은 아닙니다. 남들보다는 조금 더 알지만 손을 뗀 지 오래되었습니다. 미국에서는 고무로 박사 학위를 받았으나 자동차 회사에 취직하면서 거의 사용한 적이 없습니다.

자동차 회사에서는 중앙시험실, 도장공장, 생산기술, 품질관리, 기획 담당 등의 일을 했고 중간에 태스크포스에서 다양한 일을 했지만 그것을 전공이라 하기는 어렵습니다. 자동차에 대해서도 별로 아는 게 없습니다. 지금은 다양한 주제로 책을 쓰고 강연을 하고 코칭과 자문과 컨설팅을 합니다. 분야도 리더십부터 HR(인적 자원), 커뮤니케이션까지 다양합니다. 최근에는 사주명리와 주역을 공부하고 있습니다. 무엇이 제 전공일까요? 도대체 전공의 의미는 무엇일까요?

　대학 때 전공을 잘 살려 평생 그 길을 가는 사람이 있습니다. 하지만 그렇지 않은 사람이 더 많습니다. 한길을 파다가 완전 새로운 길을 가는 사람도 있습니다. 회사 생활도 그렇습니다. 처음에는 적성에 맞지 않는다고 생각했지만 나중에 보니 그 일이 적성에 맞을 수도 있고, 반대로 그 일을 좋아한다고 생각했지만 그렇지 않다는 걸 깨닫고 길을 바꾼 사람도 있습니다. 그만큼 인생에는 변수가 많습니다. 중요한 것은 하고 있는 일에 대해 늘 자신에게 질문해야 한다는 것입니다. '이 일이 내게 맞는가? 맞지 않는다면 어떤 일을 해야 하는가?' 맞는다면 그 분야에서 더 노력하면 됩니다. 맞지 않는다고 생각하면 새로운 분야에 도전하고 새로운 길을 발견하는 것이 중요합니다. 하지만 세상에 그런 사람이 얼마나 될까요? 직장인들의 70% 이상은 하고 있는 일을 좋아하지 않지만 먹고살기 위해 할 수 없이 한다는 통계는 저를 슬프게 합니다. 이렇게 사는 것이 무슨 의미가 있을까 하는 생각도 하게 됩니다.

저는 대기업을 나온 후 10년 이상 그 동네를 가지 않고 그 동네 사람들도 만나지 않았습니다. 새로운 분야를 공부하고 그 동네 사람들과 사귀었습니다. 지난 일에 미련을 두고 싶지 않았기 때문입니다. 지금 생각하면 잘한 일입니다. '아니다'는 생각이 들면 미련 없이 떨쳐야 합니다. 중요한 것은 계속 도전하고 실패하면서 거기서 무언가를 배우고 실수를 반복하지 않는 것입니다. 전공을 선택하려는 사람, 혹은 전공이 마음에 들지 않는 사람에게 제가 하고 싶은 말이 있습니다.

첫째, 그 전공으로 밥을 먹는 사람을 만나봐야 합니다. 도대체 그 일이 어떤 일이고, 어떤 삶을 살아야 하는지를 직접 눈으로 확인하라는 겁니다. 사실 일반인들이 생각하는 직업의 삶과 실제 그 직업의 삶 사이에는 큰 차이가 있습니다. 의사, 변호사, 검사와 같이 겉으로 화려해 보이는 직업이 특히 그렇습니다. 의사 중에는 적성에 맞지 않아 고민하는 사람이 많습니다. 그렇게 힘든 공부를 오랫동안 했는데 그 일이 적성에 맞지 않는다는 것은 개인에게 비극적인 일입니다. 패션디자인을 하는 사람들은 스스로를 노가다라고 합니다. 그만큼 잡일이 많기 때문이죠. 광고일도 그렇습니다. 늘 광고주의 눈치를 봐야 하고 밥 먹듯 밤샘 일을 해야 합니다. 건축가의 삶도 만만치 않습니다.

둘째, 일단 전공을 선택했으면 죽이 되든 밥이 되든 최선을 다해야 합니다. 이왕 시작한 것은 여한 없이 최선을 다해야 합니다. 더 이상 어떻게 해볼 수 없을 정도로 해야 합니다. 그리고 결과를 담담하게 기다려야 합니다. 최선을 다해도 안 되는 경우가 흔합니다. 그게 인생입니다. 그래도 안 되면 팔자로 받아들이고 깨끗하게 잊는 게 좋습니다. 저는 지금도 제 명함에 박사 학위를 쓰지 않습니다. 박사라는 사실을 잊고 싶기도 하고, 지금 하는 일이 공학박사와 아무 상관이 없기 때문입니다.

셋째, 변화의 계기를 적극 활용해야 합니다. 살다 보면 의도한 일보다 의도치 않은 일이 인생에 큰 영향을 끼칩니다. 저의 경우에는 잘 다니던 회사를 그만둔 사건이 대표적입니다. 제 잘못이 아니었지만 사표를 내야 할 일이 생겼습니다. 만약 제가 그 일을 좋아했더라면 죽기 살기로 버텼겠지만 그러고 싶지 않았습니다. 일이 싫던 차에 잘됐다 싶어 얼른 사표를 내고 다른 일을 찾았고 결국 그 일이 제 인생을 구원했습니다.

넷째, 자신에 대해 죽을 때까지 연구해야 합니다. 사실 공부 중 최고의 공부는 나에 대한 공부입니다. 내가 어떤 사람인지, 어떨 때 신이 나고 어떨 때 의기소침한지, 잘하는 것은 무엇이고 못하는 건 무엇인지를 잘 알아야 합니다. 그리고 한곳에 머무는 것도 좋지만 이곳이 아니다 싶을 때는 과감하게 변화를 주는 것이 좋습니다. 제 개인적으로는 10년마다 판을 바꾸는 걸 권합니다. 그러면 새로운 곳이 보이고 늘 호기심을 갖고 인생을 살 수 있기 때문입니다.

다섯째, 시대가 변하고 있다는 걸 알아야 합니다. 한 가지 전공을 가지고 한 직장에서 평생을 보내는 시대는 이미 끝났습니다. 기존에 배운 걸 주기적으로 버리고 새로운 지식을 공부하고 새로운 일을 해야만 하는 시대가 되었습니다. 그런 면에서 전공에 대한 나름의 생각을 정리해야 합니다. 전공에 너무 목숨을 걸지 말라는 것이 제 결론입니다. 무슨 과를 나온 게 전공이 아니라 남들보다 압도적으로 잘하고 오랜 경험이 있으면 그게 바로 전공입니다.

공부의
종류

○

어떤 의미에서 중고교 시절의 공부는 먹
고살기 위한 공부입니다. 흔히 공부와 삶
은 다르다는 식으로 자기 합리화를 합니
다. '공부 잘한다고 사회에서 성공하는 건
아니다', '공부 못했지만 잘사는 사람이 많
다'는 것이죠. 저는 동의하지 않습니다.

세상 모든 일이 그러하듯 이유를 알아
야 그 일을 더 열심히 합니다. 성과가 납니다. 공부도 그렇습
니다. 공부를 왜 해야 할까요? 공부의 이유를 찾기 위해 여
기서는 공부의 종류를 살펴보겠습니다.

　첫째는 먹고살기 위한 공부입니다. 어떤 의미에서 중고교
시절의 공부는 먹고살기 위한 공부입니다. 흔히 공부와 삶은
다르다는 식으로 자기 합리화를 합니다. '공부 잘한다고 사
회에서 성공하는 건 아니다', '공부 못했지만 잘사는 사람이
많다'는 것이죠. 저는 동의하지 않습니다. 물론 운동이나 사

업으로 돈을 버는 사람도 있지만 확률적으로는 공부로 성공할 가능성이 가장 높습니다. 전문가 집단, 대기업 임원을 보면 바로 알 수 있습니다. 지금의 삶을 바꾸고 싶나요? 그러면 공부하세요. 타의 추종을 불허하게 열심히 해보세요. 여러분의 삶을 바꿀 수 있습니다. 저는 죽기 살기로 공부했습니다. 그 결과 일류 학교에 들어갔고 이어 국비 유학생 선발 시험에도 붙었습니다. 일정한 경지에 오르면 뒤는 쉽습니다. 그런데 학창 시절 공부를 게을리하면 후반이 힘들어집니다. 물론 재미는 없고 먹고살기 위한 공부였습니다. 그렇지만 이게 가장 중요합니다. 일단 먹고살 수 있어야 그다음 진도를 나갈 수 있습니다.

둘째, 좋아서 하는 공부입니다. 남이 시켜서 하는 공부가 아니라 스스로 필요성을 느껴 하는 공부입니다. 사실 이게 진짜 공부입니다. 사회에 나오면 공부하라는 사람이 없습니다. 당연히 책과 멀어집니다. 지겹던 공부로부터 해방되었다는 생각에 공부와는 담을 쌓고 지냅니다. 저는 일하면서 공부의 필요성을 느꼈습니다. 회사 생활을 하다 경영학의 필요성을 느껴서 MBA 공부를 했습니다. 정말 재미있었습니다.

회사가 어떻게 돌아가는지, 재무와 회계가 왜 필요한지, 인사 조직이란 어떤 것인지 새로운 깨달음을 얻게 되었습니다. 제 눈에 경영학은 신천지였습니다. 리더십 공부도 흥미로웠습니다. 한국리더십센터를 경영하면서 리더십 공부의 필요성을 느꼈기 때문에 열심히 했습니다. 이후에 경영학과 교수를 하며 다양한 주제로 가르쳐야 했는데 여기서도 많이 배웠습니다.

셋째, 책을 통한 공부입니다. 원래 제가 남보다 책을 많이 읽는 사람은 아닙니다. 그런데 우연한 기회에 책 소개 일을 맡게 되었습니다. 삼성경제연구소가 만든 세리시이오에서 요청해 온 일인데, 책을 읽고 요약해 이를 동영상으로 만드는 것입니다. 20년째 그 일을 하고 있습니다. 처음에는 억지로 했는데 시간이 지나면서 재미가 생겼습니다. 돈도 되고 사람들에게 칭찬을 받으면서 변한 것 같습니다. 20년간 엄청난 양의 책을 읽고 요약했습니다. 제가 책을 잘 요약한다는 소문이 나면서 《동아비즈니스리뷰》에도 책 소개를 하게 되었습니다. 이어서 교보문고에서 북멘토 일을 하게 됩니다. 매달 신간 10권을 읽고 5권으로 추린 후 왜 그 책을 추천하는지 글로 써야 하는데, 이 일도 거의 10년쯤 하고 있습니다. 이래저래 저는 책과 관련된 일을 오랫동안 하고 있고 앞으로도 할 겁니다. 그러면서 변화하는 제 자신을 발견할 수 있었습니다. 결론부터 말하자면 책을 통한 공부가 최고입니다. 책을 읽지 않고도 공부는 할 수 있지만 생산성 측면에서 책이 없는 공부는 상상할 수 없습니다. 그런데 도대체 독서에 어떤 효용성이 있을까요?

첫째, 문장 해독력이 좋아집니다. 일명 문해력입니다. 글을 읽고 짧은 시간에 핵심을 파악하는 능력입니다. 말귀를 못 알아듣는 사람, 보고서를 읽고도 맥락을 이해 못 하는 사람은 사회에서 성공할 가능성이 적은데 이를 보완하는 최선의 방법이 독서입니다.

둘째, 어휘력이 늘어납니다. 그 사람의 수준은 그가 알고 있는 단어의 숫자에 비례합니다. 아는 단어가 5백 개인 사람과 5천 개인 사람은 보는 시야가 다를 수밖에 없습니다. 5백 개인 사람이 평지에서 세상을 본다면, 5천 개인 사람은 지상 10미터 위에서 드론을 타고 세상을 보는 것과 같습니다.

셋째, 아이디어가 많아집니다. 책에서 배운 하나하나는 점에 해당합니다. 점은 점이고 별다른 의미가 없다고 생각합니다. 그런데 점이 많아지고 점과 점이 연결되면 희한한 일이 일어납니다. 누군가 무슨 이야기를 했을 때 저도 모르게 그것에 대한 아이디어가 탁 떠오릅니다. 자연스럽게 그 아이디어를 이야기하면 제법 영양가 있다는 소리를 듣습니다. 사물을 보는 시야도 달라집니다. 점과 점이 연결되면서 창의력도 생깁니다. 다양한 어젠다에 관심을 가지게 되고 교양이 풍부해집니다.

넷째, 코멘트하는 능력이 좋아집니다. 코멘트란 어떤 사안에 대한 나만의 의견으로, 코멘트하는 걸 보면 그 사람의 수준을 알 수 있습니다. 대부분의 사람은 '좋아요' 정도의 코멘트를 하는데 그건 하수나 하는 말입니다. 그런데 코멘트 능력은 하루아침에 만들어지지 않습니다. 저절로 생기는 능력은 더더욱 아닙니다. 많은 지식과 경험과 사고의 축적이 필요합니다.

다섯째, 질문이 달라집니다. 아는 것이 많아지면서 질문의 수준이 달라지는 걸 느낍니다. 제가 봐도 가끔 기막힌 질문을 합니다.

여섯째, 다양한 것에 호기심이 생기고 호기심을 채우기 위해 책을 더 읽게 됩니다. 책이 책을 낳고 호기심이 호기심을 낳습니다.

일곱째, 유연해집니다. 예전에는 뭔가 걸리는 게 많았습니다. 맘에 들지 않고 싫은 게 많았는데 점점 그런 것들의 숫자가 줄어듭니다. 이해의 폭이 넓어졌고 예전보다는 다양한 시각으로 사물을 보게 됩니다. 쓸데없는 주장을 하거나 고집부리는 일이 줄어들었습니다. 머리도 좋아지는 것 같고 삶의 충만감이 높아집니다. 지식이 지혜가 되고 그게 경제적 풍요를 가져온다는 걸 느낍니다. 한마디로 삶의 질이 올라가는 것 같습니다. 이런 느낌은 참 설명하기 어렵습니다. 실제 책을 많이 읽고 공부를 한 사람만이 느낄 수 있는 기분입니다.

지식 경영에
대하여

○

지식의 유무, 그 지식의 효용성에 따라 삶
의 질은 크게 달라집니다. 지식인이란 자
신이 하고 있는 활동과 제품에 부가가치를
올릴 수 있는 사람입니다. 부가가치의 결
과는 성과로 나타납니다. "우리는 자신을
스스로 경영하는 법을 배워야 하는 최초의
세대이다." 피터 드러커의 말입니다.

지식의 중요성은 아무리 강조해도 지나치지 않습니다. 예전에는 돈을 가진 자가 세상을 지배했지만, 앞으로의 시대에는 지식을 가진 자가 모든 것을 지배할 것입니다. 돈과 달리 지식은 세습이 불가능합니다. 지식은 철저히 개인이 노력하여 얻어야 합니다. 지식인으로 거듭나기 위해서는 무엇을 어떻게 해야 하는지를 생각해 봅시다.

첫째, 배움의 첫 단계는 필요성을 절감하는 것입니다. '지식이 중요하다, 무언가 배워야겠다'는 강한 니즈가 있을 때 배움이 이루어집니다. "배우기를 멈춘 사람은 스무 살이든 여든 살이든 늙은이다. 계속 배우는 사람은 언제나 젊다. 인생에서 가장 멋진 일은 마음을 계속 젊게 유지하는 것이다." 자동차 왕 헨리 포드Henry Ford의 말입니다. "배움이란 이미 알고 있는 것을 발견하는 것이고, 삶이란 이미 알고 있는 것을 증명하는 것이고, 가르침이란 이미 알고 있는 것을 일깨우는 것이다."《갈매기의 꿈》을 쓴 소설가 리처드 바크Richard Bach의 말입니다. 요즘같이 지식의 반감기가 줄어드는 시기에 배움을 중단한다는 것은 삶을 포기하는 것만큼이나 위험한 일입니다. 배움에 대해 갈증이 있는 사람만이 배울 수 있습니다. 필요성이 없는 사람이 새로운 뭔가를 배우는 것은 불가능합니다. 배움의 시작은 자신의 부족함을 깨닫고 무언가 배우려는 겸손한 자세에서 출발합니다. 필요성을 절감할 때 스승은 나타나고, 스승이란 결코 찾아가서 가르치는 법이 없습니다. 나는 과연 배움에 대한 갈증을 갖고 있는지, 어떤 것을 배우고 싶은지 생각해 봅시다.

둘째, 지식의 신진대사가 중요합니다. 인터넷 덕분에 모든 사람들이 엄청난 정보에 노출되어 있습니다. 정보가 없어 무엇을 못 하는 시대는 아닙니다. 배우려고 하면 누구나 쉽게 배울 수 있습니다. 중요한 것은 어떤 방법이 생산성을 올릴 수 있느냐는 것입니다. 배움에서 필요한 것은 정보를 어떻게 흡수하고 그것을 소화, 배설하여 선순환이 이루어지게 할 것이냐는 것입니다. 육체적인 건강을 위해서는 신진대사가 중요합니다. 섭취하고, 소화하고, 배설하고, 다시 흡수하는 신진대사가 원만하게 이루어져야 합니다. 흡수만 하고 배설을 안 한다면 소화 불량에 걸리게 되고, 섭취는 없이 쏟아내기만 하면 그것은 부도 수표를 남발하는 것과 같습니다. 늘 섭취, 소화, 배설 사이의 균형이 필요합니다.

신진대사의 측면에서 지식은 음식과 같습니다. 책이 되었건, 강의나 업무가 되었건 우리는 매일 엄청난 양의 지식과 정보를 흡수합니다. 경험과 지식을 사용해 업무를 하고, 거기서 다시 아이디어를 얻고, 새로운 경험과 생각을 더해 좀 더 나은 방식으로 일을 하고…… 이런 것이 소화 단계입니다. 마지막은 배설 단계입니다. 소화와 배설을 적절하게 하지 않아 머릿속이 꽉 차 있으면, 더 이상 지식이 들어갈 틈도 없고 그런 만큼 발전의 속도가 더딥니다. 그때그때 배운 지식과 아이디어와 노하우는 메모하고 글로 옮기고 어떤 형태로든지 배설을 하는 것이 필요합니다.

● 현대 경영학의 창시자 피터 드러커

　지식의 섭취, 소화, 배설은 구분할 수 있는 것이 아닙니다.
서로가 서로에게 영향을 끼치고 도움을 주고받는 단계입니
다. 자극을 받음으로써 지식을 얻고, 그 지식을 얻음으로써
과거의 사례가 거기에 연결됩니다. 그런 경험과 깨달음을 다
른 사람들에게 나누어 줌으로써 다른 사람도 자극을 받아
자신의 생각을 펼치고 그 생각을 내게 피드백합니다. 그렇게
함으로써 다시 나도 업그레이드되고……. "지식은 배우고
가르치고 나누면서 시너지를 낳는다. 혼자만 알고 있는 지식

보다는 나누고 영향을 끼치는 것이 지식 본연의 임무다." 현
대 경영학의 창시자 피터 드러커Peter Drucker의 말입니다. 늘
호기심을 갖고 세상을 보는 것, 모든 것에서 배우는 것, 배운
지식과 경험을 주기적으로 정리하는 것, 정리한 것을 주변과
나누고 피드백을 받는 것, 이것이 지식의 신진대사입니다.
지식의 선순환 고리를 만드는 것은 각자의 책임입니다. 어디
서 정보를 수집하고, 어떻게 소화하고 배설할 것인지는 각자
의 위치와 상황에 따라 달라지기 때문입니다.

셋째, 어디서든지 배우려는 유연한 자세가 필요합니다. 배
움은 책과 강의와 세미나에서만 나오는 것이 아닙니다. 가장
좋은 배움의 장소는 현장입니다. 노사 관계를 가장 잘 배울
수 있는 장소는 노사가 협상을 하고 대립하는 바로 그 장소
입니다. 고객 만족을 배우는 장소는 많은 고객이 왔다 갔다
하는 백화점이나 시장입니다. 하지만 현장에서 배우기 위해
서는 현장이야말로 중요한 학습 장소이고 여기서의 경험을
바탕으로 자신이 성장할 수 있다는 새로운 시각이 필요합니
다. '대학원까지 나온 내가 이런 누추한 곳에서 근무한다는
것은 말이 안 돼'라는 생각을 갖고 있으면 그는 더 이상 새

로운 지식을 얻을 수 없습니다.

넷째, 경험과 이론을 겸비해야 합니다. 처음 일을 할 때에는 대부분의 사람이 호기심에서 여러 일을 합니다. 문제점을 찾고 그것을 해결하기 위한 궁리도 합니다. 왜 저런 방법으로 할까, 좀 더 좋은 방법은 없을까, 비용을 줄이기 위해 할 일은 무엇일까 등을 고민하며 개선 아이디어를 떠올리고 실행하면서 발전합니다. 하지만 경험만 하고 별다른 노력을 하지 않으면 원주민으로 머물 가능성이 높습니다. 원주민이란 그곳의 지리에는 빠삭하지만 타지인이 가질 수 있는 새로운 시각은 없는 사람을 일컫습니다. 지식인으로 거듭나기 위해서는 현장에서의 경험과 이론적인 것을 결합시켜 자신을 업그레이드해야 합니다. 성공에 대해서는 왜 성공했는지, 이론적 바탕이 무엇인지를 알아야 합니다. 그래야 새로운 문제가 닥쳤을 때 대응이 가능합니다. 경험을 이론적으로 정리하고, 거기에 새로운 경험으로 그 이론을 확인하는 과정이 필요합니다.

다섯째, 타 분야에 대한 폭넓은 지식이 필요합니다. 한 단계 높이 오르기 위해서는 숲에서 나와 숲을 보는 시각이 필요합니다. 숲 안에서는 숲이 보이지 않습니다. 운동장 안에서 경기를 하는 선수는 경기의 전체 흐름을 읽을 수 없습니다. 한 분야의 대가라고 하는 것은 한 분야만 공부한 사람을 뜻하지 않습니다. 땅을 깊게 파려면 넓게 파야 하듯이, 한 분야의 대가가 되기 위해서는 내 분야가 아닌 다른 분야에 대해서도 관심을 갖고 배우려고 노력해야 합니다. 다른 분야에 관심을 갖게 되면 의외로 하는 일에서도 새로운 아이디어나 시상이 떠오르는 경우가 많습니다. 비슷한 사람들끼리의 교류 못지않게 다른 분야 사람들과의 폭넓은 교류는 지식인의 자기 발전을 위해 중요한 요소입니다. "지식 혁명은 다른 지식과의 만남을 통해 이루어진다"라는 피터 드러커의 말은 시사하는 바가 큽니다. 늘 호기심을 갖고 타 분야를 점검하고 그 과정을 통해 자신이 하는 일을 업그레이드해야 합니다.

여섯째, 자신의 강점에 집중해야 합니다. 흔히 사람들은 자신의 약점은 잘 알지만 장점은 모릅니다. 성과를 내기 위해서는 장점에 집중해야 합니다. 장점을 찾고 그것을 발전시키기 위해 노력해야 합니다. 하지만 장점을 찾는 것은 쉽지 않습니다. 뜻하지 않게 이루었던 성공, 자기도 모르게 몰입

했던 사건, 늘 동경하던 일, 하면서 즐거움을 느꼈던 일을 뒤돌아보는 것이 장점을 아는 방법입니다. 또 다른 방법으로는 다른 사람으로부터의 피드백이 있습니다. 의외로 주변 사람들이 당신보다 당신에 대해 잘 아는 경우가 있습니다.

지식의 유무, 그 지식의 효용성에 따라 삶의 질은 크게 달라집니다. 지식인이란 자신이 하고 있는 활동과 제품에 부가가치를 올릴 수 있는 사람입니다. 부가가치의 결과는 성과로 나타납니다. "우리는 자신을 스스로 경영하는 법을 배워야 하는 최초의 세대이다." 피터 드러커의 말입니다. 지식의 시대에 어떤 방법을 사용하여 효과적으로 지식을 습득해야 하는가는 모두의 관심사이지만 확정된 것은 없습니다. 개인에 따라, 조직에 따라 달라져야 합니다.

지식인은 늘 자신에 대해 다음과 같은 질문을 해야 합니다. 나의 과업은 무엇인가? 앞으로 내 일은 어떤 것이 되어야 하는가? 그러려면 무엇을 해야 하는가? 어떤 방법으로 해야 하는가? 내게 맞는 방법은 무엇인가? 5년 후, 10년 후 나의 모습은 어떠해야 하는가? 매년 내 이력서는 달라지고 있는가? 나는 내 분야에서 충분한 경쟁력을 갖추고 있는가?

이런 공부를
어디에
쓰냐고?

○

여러분이 공부하기 싫은 이유는 도대체 이 학문이 어디에 쓰이는지, 영양가가 있는지 알지 못하기 때문입니다. 사실 공부가 재미있는 건 아닙니다. 하지만 이 공부가 최종적으로 어떻게 사용되는지를 보면 생각이 달라질 겁니다.

최고가 되기 위해서는 뚜렷한 목표goal 가 있어야 합니다. 거기까지 가야 하는 이유를 알아야 하고, 가고 싶은 열정이 있어야 합니다. 누가 시켜서는 절대 그 위 치까지 올라갈 수 없습니다. 공부도 그렇습니다. 이왕 공부 를 하려면 공부의 신이 되어야 합니다. 그런데 공부의 신 은 아무나 되는 게 아닙니다. 최고는 글자 그대로 한 사람만 존재합니다. 최정상에 여러 사람이 존재할 수는 없습니다. 최고가 되기 위해서는 아픔과 고통이 있어야 합니다. 'No pain, no gain'입니다. 최고는 하루아침에 만들어지지 않습 니다. 일정 시간이 필요합니다. 무엇보다 프로세스가 필요합니다. 올바른 프로세스가 올바른 결과를 낳습니다. 제가 생각하는 공부의 프로세스는 학습관행學習慣行입니다.

첫째, 학學입니다. 학이란 배우는 과정입니다. 어떤 분야에 입문하면 일단 배워야 합니다. 공부를 말합니다. 공부의 정의는 '미래에 되고 싶은 내 모습과 현재의 내 모습 사이의 갭을 메우려는 모든 행위'를 말합니다. 무슨 일이든 시작은 배우는 것입니다. 배우지 않고 할 수 있는 일은 이 세상에 없습니다. 멋진 변호사가 되고 싶나요? 과학자가 되고 싶나요? AI 관련 스타트업을 해서 돈을 벌고 싶다고요? 그러면 가장 먼저 무엇을 해야 할까요? 공부입니다. 공부를 시작해야 합니다. 언어를 공부해야 합니다. 수학을 공부해야 합니다. 통계를 공부해야 합니다. 공부를 할 수 있는 몸을 만들어야 합니다. 공부 없이 할 수 있는 일은 이 세상에 별로 없습니다.

둘째, 습習입니다. 습은 익히는 과정입니다. '習' 자는 새끼새가 날려고 날갯짓하는 모습을 표현한 것입니다. 그런데 배우는 것과 익히는 것은 완전 다릅니다. 수영하는 법을 동영상으로 배웠다고 수영할 수 있는 건 아닙니다. 대학에서 인사 이론을 배웠다고 이를 실제 현장에서 바로 써먹을 수 있는 것도 아닙니다. 익히는 것은 누가 대신해 줄 수 없습니다. 본인 스스로 하면서 몸으로 느끼는 방법 외엔 없습니다. 공부도 그렇습니다. 공부법을 익혔다고 공부를 잘하는 건 아닙니다. 그걸 실천하면서 자기 몸으로 느껴야 합니다. 이론과 실제는 늘 다릅니다. 사람도 모두 다릅니다. 이 사람에게 통했던 공부법이 내게도 통하는 건 아닙니다. 여기서 통했던 것이 저기서는 통하지 않습니다. 좌절도 하고 실망도 하지만 실제 사용하면서 익히는 과정이 습입니다. 깨지고 터지는 과정인데 반드시 필요한 과정입니다. 머리로 아는 걸 몸으로 익히는 과정입니다.

셋째, 관慣입니다. 밸 관입니다. 관은 습을 한 단계 더 나아가게 하는 과정입니다. 습을 완전히 몸에 배게 하는 과정입니다. 공부는 낯선 것에 도전하는 겁니다. 처음에는 모든 것이 낯설지요. 몸에 익지 않아 헤맬 수밖에 없습니다. 하지만 매일 꾸준히 하다 보면 눈 감고도 할 수 있습니다. 참다운 지식은 뇌가 기억하는 게 아닙니다. 뇌의 기억이 실행을 통해 몸으로 넘어와 몸이 기억하는 것입니다. 몸에 밴 지식이 정말 지식입니다. '배어들다'란 말에서 '배우다'란 말이 나온 걸 봐도 몸에 배게 하는 것이 그만큼 중요한 겁니다.

넷째, 행行입니다. 행은 실제 행동으로 옮기는 것을 말합니다. 왜 배우나요? 그냥 배워야 하니까 배운다고요? 그건 아닙니다. 행이 없는 지식은 무용지물입니다. 평생 학교에서 배우기만 하고 쓰지 않는다면 세상에 그런 낭비는 없지요. 아는 것의 정의가 무엇일까요? 제가 생각하는 아는 것의 정의는 실천하는 겁니다. 머리로 알지만 실천하지 않는다면 그건 지식이 아닙니다. 그냥 아는 겁니다. 그런 지식은 있으나 마나 한 지식입니다. 그런 걸 배우는 것은 시간 낭비입니다. 아무 소용이 없습니다. 지식은 활용해 무언가 가치를 창출할 때 의미가 있는데 행은 바로 그런 겁니다.

요즘 미국은 아마존이 휩쓸고 있습니다. 그 이유 중 하나는 순서 파괴 때문입니다. 일명 백워드Backward 방식으로 일하는 겁니다. 백워드는 이런 겁니다. 보통은 제품을 개발할 때 혁신 아이디어를 떠올려 디자인하고, 설계하고, 시제품을 만들고, 이어 양산을 하고 판매합니다. 기존의 제품 개발 순서입니다. 그러다 보니 고객의 니즈와 맞지 않는 제품을 열심히 만들었고, 팔리지 않으면 돈과 시간을 낭비하게 되는 것이지요. 그래서 얻은 교훈이 순서를 바꾸는 것입니다. 설계보다 최종 제품이 만들어진 것처럼 홍보 자료를 먼저 만들자는 겁니다. 기자 회견을 한다고 가정하고 필요한 것들을 생각해서 물건을 만드는 것이지요.

저는 공부도 그래야 한다고 생각합니다. 수학을 공부하기 싫은 사람은 AI 관련 회사를 한번 구경해 보세요. 인공지능의 시작은 데이터베이스입니다. 데이터를 쌓고 알고리즘을 설계해 유의미한 통찰력을 찾는 것이 인공지능인데, 거의 모든 것이 수학입니다. 통계입니다. 자신이 하기 싫어하는 수학의 최종 효용성을 확인할 수 있습니다. 그러면 수학을 포기하라고 말해도 절대 포기하지 않을 겁니다. 수학의 최종 의미와 결과물을 봤기 때문입니다. 영어를 싫어하는 학생에게는 글로벌 회사에 제품을 파는 현장을 보여주는 겁니다. 영어로 제품을 설명하고, 가격을 협상하고, 성공적으로 협상을 끝내는 장면을 보여주는 겁니다. 이런 장면을 보면 어떤 일이 일어날까요? 영어를 못한다는 건 생존이 불가능하다는 것인데 그걸 보고도 영어 공부를 하지 않을 수 있을까요? 국어를 싫어하는 학생은 광고 회사에 보내는 겁니다. 짧지만 강력한 말로 광고 카피를 만들고, 이를 광고주에게 보이면서 설득하는 장면을 보여주는 겁니다. 어휘력이 약하고 글쓰기가 되지 않는 사람은 아예 조직에서 살아남을 수 없다는 것을 절감할 겁니다.

여러분이 공부한다는 건 학습관행의 학에 해당합니다. 여러분이 공부하기 싫은 이유는 도대체 이 학이 어디에 쓰이는지, 영양가가 있는지 알지 못하기 때문입니다. 사실 공부가 재미있는 건 아닙니다. 하지만 이 공부가 최종적으로 어떻게 사용되는지를 보면 생각이 달라질 겁니다. 기회가 되는 대로 여러분 지식의 최종 활용지를 찾아 구경하기 바랍니다.

2장

우리가
배워야 할
것들

호기심과
학습

○

인간은 호기심의 동물입니다. 주어진 것에
대해 의문을 품고 질문을 던지는 과정을 통
해 문화를 발전시킬 수 있습니다. 질문할 수
있는 능력이야말로 진화의 비결입니다. 마
음속 호기심이야말로 학습의 원천입니다.

호기심은 인간의 원초적 본능입니다. 발전의 원동력입니다. 호기심이란 선악을 떠나 뭔가 다른 것, 저 멀리 있는 것, 이해하기 힘든 것을 알아내려는 인간의 욕망입니다. 호기심이 있으면 세상은 재미있고, 호기심이 사라지면 세상은 지루합니다. 떨어지는 사과를 보고 뉴턴Isaac Newton은 만유인력의 법칙을 발견합니다. 그런데 호기심은 무엇일까요? 캐나다 심리학자 대니얼 벌린Daniel Berlyne의 주장입니다.

"어떤 주제에 대해 무언가를 알게 되면 그 주제에 대해 모

르는 것이 있다는 사실을 알게 되고 더 알고 싶은 욕구가
생긴다. 현재 알고 있는 것과 알고 싶은 것 사이의 갭을 줄
이고 싶은 욕망이 생긴다. 이게 호기심이다."

공부의 핵심은 호기심입니다. 무언가 알고 싶은 게 있어야
합니다. 그런데 알고 싶은 게 있으려면 아는 게 있어야 합니
다. 아는 게 전혀 없으면 절대 공부하고 싶지 않습니다. 공부
의 또 다른 특징이 있습니다. 알려고 하지 않는 사람에게 깨
달음은 절대 오지 않는다는 것입니다. 돈과 행운은 가끔 공
짜로 오지만, 깨달음은 간절히 원해야만 옵니다. 시장기가
최고의 입맛인 것처럼 호기심은 그 자체로 배움의 가장 중
요한 조건입니다.

외국어를 배우는 데도 호기심은 중요합니다. 호기심이 있
으면 외국어를 배울 때도 도움이 됩니다. 한자도 그렇습니다.
한자는 상형 문자입니다. 무언가를 표현하기 위해 인위적으
로 만든 글자입니다. 첨단산업이라고 할 때 쓰는 '첨'을 보세
요. 뾰족할 첨尖 자인데 아래에는 클 대大, 위에는 작을 소小
를 씁니다. 큰 것이 점점 작아진다는 의미입니다. 뾰족한 걸
표현한 것이죠. 초복, 중복이라고 할 때 쓰는 엎드릴 복伏 자

도 그렇습니다. 사람 인人 변에 개 견犭 자를 씁니다. 더우니까 사람이 개처럼 엎어져 있다는 말입니다. 부유할 부富는 집 면宀 밑에 밭 전田이 있고, 그 사이에 한 일一과 입 구口가 있습니다. 밭은 있는데 입이 하나밖에 없으니 부자가 될 수밖에 없다는 말입니다. 이 말과 대조적인 건 가난할 빈貧 자입니다. 재물을 뜻하는 조개 패貝 플러스 나눌 분分입니다. 재산을 나누니 가난해질 수밖에 없다는 말입니다. 이런 식으로 한자를 뜯어서 해석하면 한자가 너무 재미있고 절대 잊을 수 없습니다.

일본어도 그렇습니다. 처음 일본어를 배울 때 일본어는 많은 부분 한국에서 건너갔다는 이야기를 듣고 자꾸 연결하는 버릇이 생겼습니다. 이런 식입니다. 일본어로 학鶴은 스루입니다. 우리말로는 두루미입니다. 스루와 두루는 같은 말이 아닐까요? 미는 우리말로 물을 뜻합니다. 미나리는 물에 사는 나리, 미숫가루는 물에 타 먹는 가루를 뜻합니다. 일본어로 물은 미즈입니다. 그렇다면 물에 사는 스루가 두루미? 일본어와 한국어의 연계를 발견할 수 있습니다.

이름의 의미를 묻는 것도 호기심을 충족시키는 좋은 방법입니다. 지금은 사라진 종로의 피맛골이 그렇습니다. 참 특

이한 이름이라 어원을 알아봤더니 뜻이 있었습니다. 큰길은 말이 다니기 때문에 지저분하고 시끄러워서 말을 피해 뒷골목으로 다닌다는 의미의 피마避馬에서 나온 말입니다. 기업 이름도 그렇습니다. 웅진그룹은 창업자 윤석금 회장이 충남 공주 사람인데 공주의 옛 지명인 웅진을 회사 이름으로 했습니다.

인간은 호기심의 동물입니다. 주어진 것에 대해 의문을 품고 질문을 던지는 과정을 통해 문화를 발전시킬 수 있습니다. 질문할 수 있는 능력이야말로 진화의 비결입니다. "가장 위대한 업적은 왜라는 아이 같은 호기심에서 탄생한다. 마음속 어린아이를 포기해서는 안 된다." 영화감독 스티븐 스필버그Steven Spielberg의 말입니다. 마음속 호기심이야말로 학습의 원천입니다.

늙음과 젊음을 구분하는 잣대 중 하나는 호기심입니다. 호기심이 없고 매사에 흥미를 잃은 사람은 아무리 젊어도 청춘이라 할 수 없습니다. 반대로 호기심을 잃지 않고 무슨 일에든 관심을 보이고 무언가 배우고 깨우치려 한다면 나이에 상관없이 그는 청춘입니다. 배움은 절대 공짜로 오지 않습니다. 무언가 궁금해하고, 알려고 하고, 고민하는 사람에게만 가는 선물입니다.

취직을 위해서도 호기심은 필요합니다. 제가 아는 유명 컨설팅 회사의 사장님은 두 가지 채용 기준을 갖고 있습니다. 체력과 호기심이 그것입니다. 이유를 묻자 이렇게 답합니다.

"컨설팅 펌은 나이에 비해 보수 등이 좋기 때문에 명문대 출신이 많이 지원합니다. 하지만 컨설팅이란 일은 장난이 아니거든요. 생각보다 육체적으로 많이 힘듭니다. 며칠씩 밤을 새울 수 있어야 합니다. 무엇보다 체력이 좋아야 합니다. 1년쯤 하고 나면 어느 정도 자리를 잡는데 호기심이 없는 사람들은 지루해하기 시작합니다. 그러면 발전을 못 합니다. 새로운 산업, 새로운 고객, 미래 등에 대해 샘솟듯 호기심이 넘쳐야 개인도 발전하고 조직도 발전하지요. 그래서 저는 체력과 호기심을 가장 중시합니다."

세월이 흐를수록 사람들은 돈에 집중합니다. 돈 되는 일이라면 영혼이라도 팔 것처럼 행동합니다. 이해할 수 있습니다. 그만큼 돈이 현대 생활에 필수적이기 때문입니다. 그런데 돈은 추구한다고 생기는 게 아닙니다. 돈은 결과물로 오는 것입니다. 무슨 결과물일까요? 남들이 못하는 걸 나는 할 수 있을 때, 그것도 압도적으로 잘할 수 있을 때, 남들이 보지 못하는 걸 나는 볼 수 있을 때, 같은 것을 보지만 남들과 다르게 해석할 수 있을 때, 남들이 풀지 못하는 문제를 나는 풀 수 있을 때……. 핵심은 차별화이고, 차별화는 공부에서 옵니다. 그런데 그런 능력을 어떻게 키울 수 있을까요?

시작은 호기심입니다. 순수한 마음으로 왜라는 질문을 던지고, 찾아보고, 질문하고, 생각하는 과정을 거치면서 조금씩 축적되는 겁니다. 부의 출발도 호기심이라고 생각합니다. 남들이 궁금해하지 않는 것을 궁금해할 수 있어야 합니다. 남들이 던지지 않은 질문을 던질 수 있어야 합니다.

외국어를
공부해야 하는
이유

○

외국어를 공부한다는 건 단순히 영어, 일
본어, 중국어를 공부한다는 게 아닙니다.
그 나라 말을 배우면 그 나라 사람들을 이
해할 수 있고 그 나라 사람들과 소통할 수
있습니다.

모든 것이 공부의 대상이지만 그중 으뜸이 되는 공부는 무엇일까요? 어떤 공부를 해야 가장 효과적일까요? 나는 외국어 공부를 꼽습니다. 외국어를 왜 배워야 할까요? 외국어를 공부한다는 건 단순히 영어, 일본어, 중국어를 공부한다는 게 아닙니다. 그 나라 말을 배우면 그 나라 사람들을 이해할 수 있고 그 나라 사람들과 소통할 수 있습니다. 우리처럼 해외와의 교역으로 밥을 먹는 나라에서 외국어를 익히는 것은 필수 조건입니다. 생존을 위해 반드시 필요한 일입니다. 물건을 사는 사람은 외국어를 몰라도 되지만, 물건을 팔아야 하는 사람이 그 나라 말을 모른다는 건 위험한 일입니다.

　여러분은 우리말 외에 어떤 외국어를 하시나요? 어떤 외국어를 배우고 있나요? 도대체 외국어란 무엇일까요? 무엇이든 역사를 알아야 합니다. 역사학은 미래학입니다. 과거를 통해 배워야 미래를 잘 설계할 수 있습니다. 《외국어 전파담》이란 책에 나오는 외국어의 역사를 잠깐 살펴봅니다.

　외국어의 시작은 종교 경전의 번역입니다. 종교를 전파하기 위해 외국어를 배운 것이지요. 종교의 확산 과정이 바로 외국어 전파의 역사입니다. 원래 성경은 히브리어로, 일부는 아랍어로 기록되었고, 신약은 그리스어로 기록되어 전해졌습니다. 이를 교회의 공식 언어인 라틴어로 번역해야 했습니다. 이슬람 경전 쿠란은 아랍어로 기록되었습니다. 이슬람을 받아들인 나라는 아랍어를 배워야만 했습니다. 인도에서는 산스크리트어가 같은 역할을 했습니다. 산스크리트어로 되어 있던 불교 경전 역시 한문으로 번역되어 동아시아로 전파되었습니다.

　선교사들에게 언어는 중요한 문제입니다. 선교는 이동을 전제로 합니다. 가장 먼저 언어 문제를 해결해야 합니다. 선교를 위해서는 원주민들과 원활한 소통이 필요한 것이지요. 일단 그들의 말을 배운 후 이들에게 자기 언어를 가르치기 위해 노력합니다. 신자가 된 원주민은 선교사의 말을 배우고 성경을 읽기 시작합니다. 기본적으로 선교 활동은 침략이라는 패러다임에서 이루어집니다. 단순히 종교 전파만이 목적이 아닙니다. 새로운 시장 확대가 더 큰 목적일 수 있습니다.

다음은 정치적 이슈입니다. 언어는 권력을 쥔 자가 결정하고 보급합니다. 왕조와 지배 계층이 사용하는 언어가 그 나라의 국어가 됩니다. 국어는 권력자의 통치 도구입니다. 당연히 국어를 지정하고, 보급을 위한 기관을 설립하고, 프로그램을 가동시킵니다. 1635년에 만들어진 아카데미 프랑세즈, 1713년에 창설된 스페인 왕립 학술원이 그런 겁니다. 대부분의 학술원과 문화원은 그런 목적으로 만들어졌습니다. 국어 보급을 위한 사전 편찬도 비슷한 이유입니다.

언어는 파워입니다. 힘이 센 나라의 언어가 세계 공용어가 됩니다. 나라의 흥망성쇠에 따라 세계 공용어는 달라집니다. 1919년에 제1차 세계대전의 종료를 알리는 조약 문서가 영어와 프랑스어로 작성되었고, 이를 분기점으로 영어가 외교

● 아카데미 프랑세즈가 위치하고 있는
　프랑스 학사원

● 스페인 왕립 학술원의 창설과 규칙

언어로 급부상합니다. 현재 세계 공용어는 영어인데 미국이
최강국이기 때문입니다. 외국어는 권력과 자본입니다. 주류
문자를 읽고 쓸 줄 안다는 것은 권력이 그들에게 있다는 걸
뜻합니다. 과거 기독교의 공용어는 라틴어였는데 지배 계층
에 속하기 위해서는 라틴어가 필수였지요. 한국에서의 한자
도 비슷한 역할을 했습니다. 일상에서 쓰는 말과 문자가 분
리되어 있었는데 문자는 철저히 지배 계층을 위한 것이었지

● 18세기 그랜드 투어 중인 영국의 상류층 젊은이들

요. 한자를 사용할 줄 안다는 건 권력층의 상징이고 강력한 사회적 자본이었습니다.

18세기 후반부터 19세기 전반까지 유럽에는 그랜드 투어가 크게 유행합니다. 영국의 부유층은 이를 위해 외국어를 공부했습니다. 벨기에나 프랑스에 가서 프랑스어, 춤 혹은 승마를 즐깁니다. 알프스를 넘어 이탈리아의 베네치아, 로마, 피렌체를 둘러본 뒤 북쪽의 빈, 베를린을 거쳐 네덜란드와 벨기에를 돌아본 뒤 영국으로 귀국합니다.《로마 제국 쇠망사》를 쓴 에드워드 기번Edward Gibbon은 1763년부터 1764년까지 로마에 머물면서 로마사에 대한 책을 구상합니다. 외국어 학습은 여행의 준비 차원으로 했습니다. 요즘에도 그런 사람이 많습니다. 여행의 품질을 높이기 위해 직접 그 나라 말을 배우는 겁니다.

언어는 그 나라의 정체성입니다. 그런 이유로 강대국은 식민지의 언어를 없애기 위해 노력했습니다. 제국주의와 문화 이식의 첨병이 외국어인 것이죠. 한 나라를 지배하기 위해서는 먼저 국어를 결정하고 이를 보급해야 합니다. 영국이 아일랜드어 대신 영어를 쓰게 했고, 일본은 한국어 대신 일본어를 쓰게 했습니다. 창씨개명을 요구하고 학교에서 일본어만 쓰게 한 것이 그렇습니다. 언어가 사라지면 그 나라의 정체성도 사라진다는 것을 알았기 때문입니다. 한번 사라진 언어는 회복하기 힘듭니다. 현재 아일랜드가 그렇습니다. 전 국민의 3%만이 아일랜드어를 쓴다고 합니다.

그럼에도 불구하고 죽은 언어를 살린 케이스가 있습니다. 바로 유대인의 히브리어 부활이 그렇습니다. 이들은 오랫동안 여러 곳에 떨어져 살았고 서로 다른 언어를 사용했습니다. 대다수의 유대인은 이디시Yiddish어를 모어처럼 사용했는데, 팔레스타인에 유대인의 나라를 세우려고 힘쓰던 시온주의자들은 이디시어 대신 유대인의 종교 언어이자 고유어인 히브리어를 이스라엘 공용어로 해야 한다고 주장했습니다. 그렇게 히브리어는 부활하게 됩니다. 러시아계 유대인 엘리에제르 벤 예후다Eliezer Ben-Yehuda는 히브리어 부활의 아버지로 불립니다. 현대 히브리어 사전을 편찬하고 없는 단어 대신 새로운 단어를 만들어냈습니다.

언어는 힘입니다. 외국어를 한다는 것 역시 힘이고 능력입니다. 제 주변에 있는 부자들 중에는 통역 같은 일을 하면서 세상의 이치를 깨우친 사람이 많습니다. 유럽이 잘사는 이유 중 하나도 자동으로 몇 개의 외국어를 할 수밖에 없는 환경 때문입니다. 잘살고 싶은가요? 그러면 가능한 한 할 수 있는 외국어의 숫자를 늘려보세요. 사실 영어와 한자는 필수입니다. 영어를 모르고 한자를 몰라도 살 수는 있지만, 영어와 한자를 잘하면 훨씬 풍요로운 삶을 살 수 있습니다.

언어 공부가
중요한 이유

○

공부는 개념이고, 개념을 이해하는 게 바
로 생각입니다. 그런데 인간은 어떻게 생
각을 할까요? 바로 언어를 가지고 생각합
니다. 언어를 모르면 생각을 못 합니다. 그
렇기 때문에 어학 공부를 부지런히 해야 합
니다.

조선일보에 방송인 홍진경과 관련된 특집 기사가 실렸습니다. 그녀는 학창 시절 공부와는 담을 쌓고 지낸 것 같습니다. 그래도 타고난 재능이 있어 모델 일과 김치 사업을 통해 경제적으로는 잘살았습니다. 그런데 결혼하여 아이를 키우면서 문제가 생깁니다. 아이에게 공부를 가르쳐주고 싶은데 아는 게 부족하니 제대로 가르쳐줄 수 없는 것이지요. 그래서 공부하기로 결심하고 공부깨나 한다는 사람들을 수배해 그들에게 공부를 배우면서 그 과정을 유튜브로 만들었는데 구독자가 90만 명 가까이 된답니다. 대단한 일입니다. 초년에는 공부를 안 했지만 뒤늦게 만회하기 위해 공부를 시작한 겁니다.

공부 잘하는 사람 가운데 누가 가장 인상적이었는지를 묻는 질문에 홍진경은 메가스터디 창업자 손주은 회장의 말을 전합니다.

"공부는 개념입니다. 개념을 이해하는 것이 가장 중요합니다. 개념을 이해하지 못한 채 무언가를 외우는 건 소용이 없습니다. 그런데 개념은 용어 안에 있고 용어의 70%는 한자로 되어 있습니다. 한자를 알아야 개념을 알 수 있고, 개념을 알아야 공부를 잘할 수 있습니다."

맞습니다. 공부는 개념입니다. 개념은 영어로 콘셉트concept라고 하는데, 어원은 전체를 본다는 뜻입니다. 전체를 본 후 전체가 무슨 뜻이고 어떤 효용성이 있는지를 아는 것이 공부에서 가장 중요한 겁니다. 이걸 왜 하는지 모른다는 것은 전체 개념을 파악하지 못했기 때문입니다. 공부가 힘든 이유도 공부하는 이유를 모르기 때문입니다. 만약 여러분이 싫어하는 수학이 통계와 연결되고 통계 공부가 주식 시장 분석에 큰 도움을 주어 부자가 될 수 있다면 수학 공부가 싫을까요? 옆 사람은 수학 공부를 잘해 엄청난 부자가 되는 걸 보고도 수학을 싫어할 수 있을까요?

공부는 개념이고, 개념을 이해하는 게 바로 생각입니다. 그런데 인간은 어떻게 생각을 할까요? 바로 언어를 가지고 생각합니다. 언어를 모르면 생각을 못 합니다. 그렇기 때문에 어학 공부를 부지런히 해야 합니다. 단어 하나하나를 뜯어서 생각할 수 있어야 합니다. 어학 공부만큼 중요한 공부는 없습니다. 어휘력을 높이는 것, 그 단어의 뜻을 정확히 아는 것, 그 말의 어원이나 유래를 아는 것이 정말 중요하고 재미있는 공부입니다. 언어는 단순한 의사 전달의 수단을 넘어섭니다.

언어에는 역사가 들어 있습니다. 언어를 보면 당시 시대상을 알 수 있습니다. 적산 가옥敵産家屋이란 말의 뜻을 아시나요? 적의 재산이란 뜻입니다. 일본인들이 해방 후 자기 나라로 돌아갈 때 그들이 쓰던 집을 일컫는 말입니다. 궁금하다는 뜻을 알고 있나요? 궁금은 임금이 사는 궁宮 플러스 금지하다의 금禁입니다. 궁 안에서 일어나는 일을 알려고 하지 말라는 겁니다. 날씨가 을씨년스럽다는 말을 하는데 그 말

역시 이유가 있습니다. 1905년 을사조약으로 나라를 빼앗겼는데 그 때문에 마음이 심란한 데서 유래한 것입니다. 을사년에서 을씨년이란 말이 나왔습니다. 화냥년이란 욕이 있는데 이 말 역시 환향녀還鄕女에서 유래합니다. 몽고에 끌려갔다 돌아온 여자를 뜻하는 말입니다. 몽고 지배를 받았던 흔적으로 우리의 슬픈 역사를 나타내는 말인 것이죠. 몽고 지배 때 생긴 다른 말로는 호래자식, 호떡, 호주머니, 호밀 등이 있습니다. 호래자식은 몽고인의 자식이란 말이고, 호떡은 몽고 사람이 먹는 떡입니다.

양말이 왜 양말인지 아시나요? 양말은 큰 바다 양洋 플러스 버선 말襪입니다. 서양 사람들이 신는 버선이란 말이죠. 한글 같지만 원래는 한자입니다. 양은과 양철도 서양에서 온 은銀과 서양에서 온 철鐵을 뜻합니다. 양복, 양파, 양옥, 양배추 모두 서양에서 왔다는 의미를 포함하고 있는 말입니다. 그런데 언어는 시대가 지나면서 달라집니다. 양파와 양상추는 더 이상 서양 것이 아닙니다. 거의 토착 농산물이 됐습니다. 가장 극적인 변화는 양재기입니다. 양재기는 서양의 자기瓷器란 뜻입니다. 양자기가 세월이 흐르면서 양재기가 된 것이지요.

가장 많은 건 한자어입니다. 가족, 친구, 책, 갑부 같은 말은 중국어의 모습 그대로 사용합니다. 중국어에서 변형된 것도 있습니다. 차비差備가 채비로, 대홍大紅이 다홍으로, 가사물家事물이 개숫물로 변형된 경우가 그렇습니다. 일본어도 많습니다. 후리타, 오타쿠, 무데뽀, 노가다, 야마, 곤조 같은 단어가 그렇습니다. 왜 이렇게 일본어를 많이 쓸까요? 일본이 서양 문물의 통로였기 때문입니다. 일본어가 근대화 과정에서 토착화된 대표적인 사례로 구두와 냄비를 들 수 있습니다. 구두는 일본어 구스에서, 냄비는 일본어 나베에서 왔습니다.

여러분의 첫 기억은 언제인가요? 대부분 4~5세입니다. 왜 더 어릴 적 일은 생각할 수 없을까요? 말을 하지 못했기 때문입니다. 인간은 언어로 생각합니다. 언어를 모른다는 건 곧 생각하지 못한다는 의미입니다. 그만큼 언어는 중요합니다. 언어의 한계가 사고의 한계입니다. 아는 언어만큼 생각할 수 있습니다. 현실적으로 언어의 역할 중 하나는 지식을 담는 그릇의 역할입니다. 그래서 배운 사람과 그렇지 못한 사람은 쓰는 언어가 다릅니다.

이 글을 읽으면서 여러분은 어떤 생각이 들었나요? 언어에 대해 호기심이 조금 생겼나요? 이 글의 목적은 여러분에게 공부의 흥미를 주는 것입니다. 저도 사실 학교 다닐 때 공부해야 하는 이유를 알지 못했습니다. 의무감에서, 하기는 싫지만 부모님이 원하니까 억지로 공부했습니다. 특히 영어, 한자, 국어 등이 그랬습니다. 의사소통하는 데 지장이 없는데 왜 우리말을 따로 공부해야 하는지 도대체 이해할 수 없었습니다. 우리말이 아닌 영어를 왜 힘들게 공부해야 하는지 정말 이해할 수 없었습니다. 그런데 지금은 생각이 다릅니다. '만약 그때 한자를 배우지 않았다면 지금의 난 어떨까? 영어를 몰랐다면 어땠을까?' 공부에는 때가 있습니다. 눈 좋고 젊고 머리가 잘 돌아갈 때 가능한 한 많은 정보를 집어넣어야 합니다. 정보가 많으면 정보와 정보가 연결되면서 공부의 즐거움을 느낄 수 있습니다.

역사를
공부하라

○

젊은 시절은 흔히 앞이 보이지 않는다고 합
니다. 그런데 원래 앞은 보이지 않습니다.
앞이 보이면 우리는 살 수 없습니다. 하지
만 그나마 앞을 보는 방법 중 하나가 바로
역사를 공부하는 것입니다. 역사를 공부하
면 미래가 보입니다.

삼성을 만든 이병철 회장은 손자들을
다 역사학과에 보냈습니다. 역사가 그만큼 중요하다고 생각
했기 때문입니다. 여러분은 역사 공부가 재미있나요? 대부
분 재미없을 겁니다. 연도를 외우고 태정태세문단세를 외우
는 게 재미있을 리가 없지요. 왜 내가 옛날 사람들이 무슨 일
을 했는가를 알아야 하는지 모를 겁니다. 저 역시 그랬습니
다. 그런데 지금은 생각이 다릅니다. 역사만큼 중요한 공부
는 없다고 생각합니다. 역사학은 미래학입니다. 역사를 공부
하는 이유는 그래야 미래에 대비할 수 있기 때문입니다. 그
래서 세계사에 흥미를 가질 만한 책 하나를 소개합니다. 송

동훈이 쓴《세계사 지식향연》입니다.

　뭔가 꽉 막혔나요? 앞이 보이지 않나요? 뭔가 돌파구를 찾고 싶은가요? 방법이 하나 있습니다. 과거의 역사를 뒤지는 겁니다. 역사는 반복되기 때문입니다.

　우선, 영국의 역사를 보시지요. 대영 제국의 기초를 닦은 사람은 튜더 왕조를 만든 헨리 7세입니다. 그는 탁월한 군주입니다. 집안 간 전쟁인 30년간의 장미전쟁을 끝내고 전쟁 대신 국가의 근본을 바꿀 전략을 짜고 실행하는 데 전력합니다. 주변 국가와의 선린 외교도 적극 추진합니다. 덕분에 2류 국가 영국이 19세기 대영 제국으로 성장합니다. 전략은 이렇습니다.

　첫째, 국가 방향을 대륙에서 바다로 전환합니다. 당시 바다와 신대륙은 스페인과 포르투갈의 독무대였지요. 전임자들은 바로 앞 프랑스의 기름진 땅을 탐냈지만, 그는 잉글랜드의 미래는 넓은 바다에 있다고 확신합니다. 그래서 왕 스스로 메리포춘, 스웹스타크 등 거대한 배를 건조해 상인들에게 임대하고, 항구 도시 포츠머스에는 수리 시설을 세웁니다. 미지를 향한 항해에도 적극 후원합니다. 덕분에 북아메

리카의 뉴펀들랜드를 발견했고 이 발견으로 캐나다를 비롯한 거대한 식민지를 건설하게 됩니다.

둘째, 새로운 지배 계층의 육성입니다. 헨리 7세 이전 영국은 정말 많은 전쟁을 합니다. 그로 인해 귀족들 수장이 많이 죽어 봉건 귀족 세력이 약해집니다. 그렇다고 의회가 성장한 것도 아닙니다. 그는 새롭게 성장하는 농촌의 젠트리gentry와 요먼yeoman, 도시 상인을 후원하고 이들 중 괜찮은 사람을 관료로 뽑아 국가 운영을 맡깁니다. 덕분에 귀족 대신 대학에서 교육받은 유능하고 충성스러운 신진 관료들이 대거 등장합니다. 권력의 대이동이 일어난 것이지요.

대영 제국의 실제적인 황금시대를 연 주인공은 엘리자베스 1세입니다. 그녀는 천성적으로 쾌활하고 정력적입니다. 섬세함과 신중함을 동시에 갖고 있었는데 무엇보다 민심을 잘 읽었습니다. 그녀는 종교적 화해와 안정이 가장 시급하다고 판단하고, 국교가 중심이지만 가톨릭과 청교도도 인정을 합니다. 종교가 국가를 분열시켜서는 안 된다고 판단한 것이지요.

당시 바다는 스페인의 독무대였습니다. 스페인은 아메리카와 아시아에 식민지를 두고 세계 교역을 지배했습니다. 식민지에서 발견한 금광과 은광으로 엄청난 부를 축적하고 있었지요. 영국 정부는 스페인과 포르투갈의 보물선을 약탈하는 해적들을 노골적으로 지원하는데, 유명한 프랜시스 드레이크Francis Drake가 대표 선수입니다. 화가 난 스페인은 드레이크의 처벌을 요구했지만 여왕은 처벌 대신 드레이크에게 귀족 작위를 수여합니다. 이에 1588년 스페인은 무적함대를 이끌고 영국 정벌에 나섰지만 일주일 만에 참담하게 패배합니다. 이 사건으로 스페인은 지는 해가 됩니다. 나라의 기가 꺾이고 그게 오늘날까지 이어지는 것 같습니다. 반대로 영국은 최고의 강국으로 등장합니다. 스페인 대신 영국을 '해가 지지 않는 나라'로 부릅니다. 영국의 성공은 제대로 된 방향을 설정하고 이를 실천할 계층이 있었기 때문입니다. 종교적인 갈등을 최소화한 것도 기여했습니다.

다음은 스페인의 역사를 보겠습니다. 스페인은 1473년 카스티야의 페르난도 2세와 아라곤의 이사벨이 결혼하면서 오늘날의 모습이 됩니다. 이들은 1492년 이슬람의 그라나다 왕국을 멸망시키면서 유럽 최고의 강국이 되었지요. 그러다 1588년 무적함대가 영국에 패배하면서 기울기 시작해 끝내

● 프랜시스 드레이크가 이끈 영국이 무적함대 스페인을 격파한 칼레 해전

유럽의 강자 자리에 다시는 오르지 못합니다. 100년 만에 패권을 넘긴 겁니다. 왜 이렇게 되었을까요? 스페인 몰락의 이유는 무엇일까요?

우선, 리더십의 부재입니다. 스페인은 엄격한 의미에서 여러 나라가 합쳐진 나라입니다. 크게는 카스티야와 아라곤이 합병했고, 한때는 포르투갈도 스페인 왕이 다스렸습니다. 네덜란드를 비롯해 유럽 본토에도 많은 땅을 갖고 있었습니다. 하지만 앞으로 국가를 어떻게 운영하겠다는 큰 그림을 그리지 못했습니다.

둘째, 폐쇄성입니다. 불관용 정책입니다. 당시 스페인은 뿌리도 다르고 종교도 다른 다양한 사람들이 모여 살고 있었습니다. 이슬람교도까지 있었지요. 당연히 이들을 아우르고 스페인의 국민이 되도록 해야 하는데, 온갖 이유로 이들을 구분 짓고 다르다는 이유로 박해합니다. 대표적인 것이 종교 재판소의 설치 및 운영입니다. 처음에는 기독교로 개종한 유대인인 콘베르소converso를 대상으로 합니다. 이들은 돈이 많았습니다. 직업도 대상인, 관료, 의사 같은 전문 직종이었습니다. 기독교로 개종한 이슬람교도인 모리스코morisco도 박해합니다. 이들은 주로 농사를 짓거나 짐꾼, 기술자 같은 힘든 일을 하고 있었습니다. 임금은 싸지만 열심히 일했기 때문에 꼭 필요한 존재들이었지요. 1492년 3월 20일, 스페인 내의 모든 유대인은 4개월 이내에 나라를 떠나라고 발표하는데, 이로 인해 스페인을 떠난 유대인의 수가 대략 12~15만 명으로 추산됩니다. 급하게 재산을 정리한 이들은 주로 벨기에, 네덜란드 등으로 이주하게 됩니다. 오늘날 벨기에의 안트베르펜이 다이아몬드 유통의 중심이 된 것도 이때 추방된 유대인 덕분입니다.

셋째, 재정적 문제입니다. 1557년 스페인 정부는 1차 파산을 합니다. 너무 여러 곳에서 여러 나라와 전쟁을 했기 때문입니다. 그러던 차에 네덜란드에서 반란이 일어납니다. 그곳은 상업이 발달하고 자유가 보장된 사회였기 때문에 루터 Martin Luther의 종교개혁에 동조하는 사람이 많았는데, 이들을 무리하게 진압하려다 오히려 네덜란드의 독립을 인정하게 된 것이지요. 수입의 4분의 1을 담당하던 네덜란드의 독립으로 1575년 스페인은 두 번째 파산을 선고합니다. 1580년대 대량의 은이 발견된 덕분에 살림이 조금 나아진 스페인은 다시 잉글랜드와 전쟁을 하고 여기서 패하면서 1596년 다시 파산을 선언합니다.

재앙을 뜻하는 영어 단어 'disaster'의 어원을 아시나요? 별을 뜻하는 'aster'와 사라진다는 뜻의 'dis'가 합쳐진 말입니다. 별이 사라진다는 뜻입니다. 나침반이 없던 옛날에는 별을 보면서 방향을 잡았습니다. 그런데 폭풍우 등으로 별이 사라지면 방향성을 잃는데 이게 재앙이라는 것입니다.

젊은 시절은 흔히 앞이 보이지 않는다고 합니다. 그런데 원래 앞은 보이지 않습니다. 앞이 보이면 우리는 살 수 없습니다. 하지만 그나마 앞을 보는 방법 중 하나가 바로 역사를 공부하는 것입니다. 젊은 시절부터 역사에 관심을 가져야 합니다. 역사를 공부해야 합니다. 역사는 반복되기 때문입니다. 역사를 공부하면 미래가 보입니다.

대인 관계를
공부하라

○

인간은 혼자서 살 수 없습니다. 진리 중 진
리입니다. 모든 행복도 사실 관계에서 옵
니다. 관계가 좋으면 경제적으로 힘들어도
행복할 수 있지만, 관계에 문제가 생기면
그 사람은 행복할 수 없습니다. 결국 삶의
품질은 어떤 사람과 어떤 관계를 맺느냐가
결정합니다.

인생에서 정말 중요하지만 학교에서 가르쳐주지 않는 게 있습니다. 바로 대인 관계의 소중함입니다. 대인 관계의 소중함은 아무리 강조해도 지나치지 않습니다. 아무리 학교 공부를 잘해도 대인 관계에 실패하면 그 사람은 제대로 된 사회생활을 할 수 없습니다. 반면, 다소 학교 공부를 못해도 대인 관계가 원만하면 그는 제법 괜찮은 삶을 살 수 있습니다. 그렇기 때문에 어떤 사람과 어떻게 관계를 맺고 유지할 것이냐 만큼 중요한 공부는 없습니다. 또 학교는 공부 못지않게 좋은 친구를 사귈 수 있는 장소입니다. 나이가 지긋이 들어서도 동창들과 친하게 지내는 수많은 사람을 보면, 학교는 대인 관계를 배울 수 있는 최선의 장소임이 분명합니다. 물론 대인 관계에 관심을 갖고 스스로 배우려는 노력이 필요합니다.

관계란 무엇일까요? 한자를 보면 힌트를 얻을 수 있습니다. 인간의 한자는 사람 인人 플러스 사이 간間입니다. 인간이란 인간과 인간 사이에서 존재한다는 의미입니다. 인간은 혼자서 살 수 없습니다. 진리 중 진리입니다. 모든 행복도 사실 관계에서 옵니다. 관계가 좋으면 경제적으로 힘들어도 행복할 수 있지만, 관계에 문제가 생기면 그 사람은 행복할 수 없습니다. 결국 삶의 품질은 어떤 사람과 어떤 관계를 맺느냐가 결정합니다. 좋은 사람과 좋은 관계를 맺으면 인생이 잘 풀리는 것이고, 주변 사람과의 관계가 나빠지면 인생은 고달파집니다.

관계는 영어로 'relation'입니다. 어원은 're latum'이란 라틴어입니다. '서로 참조한다'란 의미를 갖고 있습니다. 서로가 서로에게 영향을 주고받을 수 있는 것이 관계입니다. 한자로 관계는 빗장 관關에 이을 계係입니다. 열쇠로 잠그면 관계가 닫히고, 열쇠로 열면 관계도 열린다는 의미입니다.

관계를 열쇠에 비유한 것이 절묘합니다. 닫는 것도 여는 것도 그 선택권은 열쇠를 가진 나 자신에게 있다는 뜻입니다. 계係는 피로 이어진 관계를 뜻합니다. 피로 이어진 관계는 선택의 여지가 없이 주어진 관계를 뜻합니다. 부모 자식, 형제 같은 관계입니다. 나머지 관계는 후천적으로 맺는 관계입니다. 친구나 동료, 이웃이 그렇습니다.

그렇다면 좋은 관계는 무엇일까요? 서로를 좋은 사람으로 만들어주는 관계, 서로에게 긍정적 자극을 주는 관계, 서로를 발전시키는 관계, 서로의 강점을 빛나게 하고 단점을 보완해 주는 관계, 내가 필요한 것을 그가 채워주고 그의 부족한 것을 내가 채워주는 관계, 내가 보지 못한 것을 보게 해주고 내가 깨닫지 못한 걸 깨닫게 해주는 관계가 좋은 관계 아닐까요? 나쁜 관계는 그 반대로 보면 됩니다.

관계를 맺기 위해서는 사귀어봐야 합니다. 만나자마자 그냥 사귀는 것이 아니라 몇 번 만나보고 교제를 허락하는 것입니다. 아무나 만나 인연을 맺는 건 위험합니다. 어느 정도 그 사람의 인품과 학문을 겪어본 뒤 본격적인 관계 맺기를 해야 하는데, 이를 허교許交라고 합니다. 문자 그대로 교제를 허락한다는 의미입니다. 나쁜 사람에게는 교제를 허락하지 말라는 말도 됩니다.

삶의 품질이 관계의 품질입니다. 자연도 그렇습니다. 미국 캘리포니아에 위치한 요세미티 국립공원에는 갑자기 쓰러져 죽은 거대한 세쿼이아 나무가 있습니다. 번개를 맞은 것도, 해충에 피해를 입은 것도 아닌데 죽은 것이지요. 1606년부터 있던 73미터짜리 나무가 어떻게 갑자기 쓰러져 죽었을까요? 바로 관계 때문입니다. 관계가 약해지면서 죽은 겁니다. 세쿼이아 나무는 무리를 지어 삽니다. 세쿼이아는 키는 크지만 뿌리가 얕아 서로가 서로의 뿌리를 감아서 거대한 몸을 지탱합니다. 하지만 쓰러진 세쿼이아 나무는 삼림 개척으로 인해 다른 세쿼이아 나무들과 떨어져 혼자 있었습니다. 게다가 이 나무를 보기 위해 찾은 수많은 관광객에 의해 나무뿌리가 상했습니다. 그러면서 나무는 서서히 죽어갔습니다. 인간도 그렇습니다. 주변과의 관계가 나빠지면 세쿼이아 나무처럼 서서히 죽어갈 수 있습니다. 우리는 주변과 두터운 관계로 연결되어 있어야 합니다. 인간은 관계로부터 사랑받고 보호받아야 합니다. 그게 인간입니다.

그런데 좋은 관계를 맺기 위해서는 어떻게 해야 할까요?

첫째, 내가 먼저 좋은 사람이 되어야 합니다. 부모들이 자식에게 늘 하는 말이 있습니다. 좋은 친구들과 놀라는 말입니다. 저는 이 말을 들을 때마다 한 가지 의문점이 생깁니다. 좋은 친구는 어떤 친구일까요? 어떻게 해야 좋은 친구들과 놀 수 있을까요? 내가 질이 좋지 않은데 좋은 친구들이 나와 놀아줄까요? 저는 오히려 이렇게 이야기해야 한다고 생각합니다. "먼저 좋은 사람이 되어라. 그러면 좋은 친구들이 주변에 몰릴 것이다. 설혹 질이 나쁜 친구와 어울려도 네 덕분에 그 친구도 좋은 사람이 될 것이다." 대인 관계의 출발점은 나 자신입니다. 내가 어떤 사람이냐가 가장 중요합니다. 내가 어떤 사람이냐가 모든 관계의 시작입니다. 사람은 끼리끼리 모이게 되어 있습니다. 유유상종입니다. 내가 엄청 고상하고 우아한데 상스러운 사람과 놀 수는 없습니다. 아무리 상대를 욕하고 비난해도 나랑 같이 어울린다는 것은 그 사람과 내가 비슷한 사람이란 걸 이야기합니다. 그렇기 때문에 대인 관계에 어려움을 겪을 때는 가장 먼저 내가 어떤 사람인지를 봐야 합니다.

둘째, 자신과의 관계가 좋아야 합니다. 대인 관계 하면 대부분 다른 사람과의 관계만을 생각합니다. 그렇지 않습니다. 관계의 시작은 자신과의 관계입니다. 자신과의 관계가 좋아야 남과의 관계도 좋아집니다. 대인 관계에서 가장 중요한 건 스스로에 대한 평가입니다. 스스로에게 자부심을 가져야 합니다. 내가 즐거워야 남을 즐겁게 할 수 있고 내가 행복해야 그 행복을 다른 사람에게 줄 수 있는데, 관계도 그렇습니다. 자신과의 관계가 나쁜 사람은 다른 사람과의 관계도 나쁠 수밖에 없습니다. 자신에 대해 만족하지 못하는 사람은 세상을, 다른 사람을 비슷한 눈으로 봅니다.

셋째, 밑질 수 있어야 합니다. 물질적으로, 정신적으로, 육체적으로 밑질 수 있어야 합니다. 단기적으로는 그게 손해인 것 같지만 장기적으로 이익입니다. 보통 사람들은 경제적 이익만 이익으로 생각하는데 그렇지 않습니다. 경제보다 더 중요한 건 신뢰에 바탕을 둔 인맥입니다. 영어로 네트워크 network입니다. 사실 일을 잘하는 것도, 돈을 버는 것도 출발점은 사람으로부터 시작됩니다. 아무리 실력이 있어도 누군가가 나를 원하고 내게 일거리를 줘야 돈을 벌 수 있습니다. 그렇기 때문에 돈보다 사람을 축적해야 합니다. 그 사람과의 신뢰를 쌓아야 합니다. 그것도 젊은 시절부터 해야 합니다. 지금 돈이 없고 별 볼 일 없다고 사람을 무시하면 안 됩니다. 그 사람이 나중에 어떤 인물이 될지는 아무도 모릅니다.

　제가 생각하는 네트워크는 네트가 일을 하는 걸 뜻합니다. 모든 것의 출발점은 대인 관계인데 이것 역시 공부입니다. 잘하는 사람을 보면서는 나도 저렇게 해야지 결심하면 됩니다. 잘 못하는 사람을 보면 나는 저렇게 하지 말아야지 하고 생각하면 조금씩 나아집니다. 대인 관계를 공부하길 권합니다.

몸을
공부하라

○

살면서 가장 중요한 것은 건강입니다. 나
이가 들수록 건강의 소중함은 아무리 강조
해도 지나치지 않습니다. 하지만 누구도
가르쳐주지 않고 나중에 건강을 잃은 후에
후회하지만 그때는 이미 늦습니다.

왜 많은 사람이 공부하기 싫어할까요? 왜 공부라면 넌덜머리를 낼까요? 학교에서의 공부가 의미 없다고 생각하기 때문입니다. 만약 그날 공부한 게 바로 돈이 된다면 어떤 일이 벌어질까요? 공부하지 말라고 말려도 열심히 공부할 겁니다. 돈이 되는 공부는 아니지만 꼭 공부해야 할 것이 있습니다. 바로 몸에 대한 공부입니다. 살면서 가장 중요한 것은 건강입니다. 건강의 소중함은 아무리 강조해도 지나치지 않습니다. 하지만 누구도 가르쳐주지 않고 나중에 건강을 잃은 후에 후회하지만 그때는 이미 늦습니다.

모든 게 공부를 필요로 하지만 저는 특히 몸에 대한 공부가 필요하다고 생각합니다. 젊을 때부터 몸에 대해 공부해야 합니다. 몸에 대해 공부하지 않으면 조만간 우리는 몸의 노예가 될 가능성이 높습니다. 제 인생의 세 가지 축은 운동, 독서, 글쓰기인데 그중 첫 번째가 운동입니다. 사실 저는 고등학교 때부터 농구를 열심히 했습니다. 농구를 신나게 한 후 공부하면 그렇게 잘될 수 없었습니다. 그때 깨달았습니다. 책상에만 앉아 있다고 공부를 잘하는 게 아니라 수시로 몸을 움직이고 운동을 해야 머리가 맑아진다는 걸. 제가 몸에 본격적으로 관심을 갖고 공부한 것은 50대 중반에 오십견이 걸리면서부터입니다. 오십견은 어깨를 너무 쓰지 않아 어깨가 굳으면서 생기는 병입니다. 여러분은 몸에 대해 얼마나 알고 있나요? 젊은 시절부터 몸에 대해 공부하고 몸을 관리하면 훨씬 질 좋은 삶을 살 수 있습니다.

'폭풍 다이어트, 한 달에 20킬로 감량 보장, 미달성 시 원금 반환'이란 슬로건을 내건 헬스장을 볼 때마다 한심하다는 생각을 합니다. '1억 내면 평생 월 500만 원 보장'이란 광고와 별 차이가 없습니다. 한마디로 사기입니다. 그런 일이 어떻게 가능할까요? 그 슬로건을 내건 사람에게 이렇게 물어보고 싶습니다. "그렇게 줄인 몸무게가 유지될까요?" 말이 되지 않습니다. 빨리 뺀 몸무게는 빨리 불 수밖에 없습니다. 빼기 전보다 오히려 더 찝습니다. 정말 빼야 할 지방은 빼지 않고 빼지 말아야 할 근육과 수분만 줄였기 때문입니다.

우리는 몸에 대해 너무 무지합니다. 공부하지 않고 알려고도 하지 않습니다. 그렇게 중요한 자기 건강을 의사 등 전문가에게 완전 외주를 주고 신경을 끊습니다. 그들의 전문 영역은 절대 침범하지 않으려 합니다. 조금만 몸에 이상이 생겨도 곧바로 병원을 찾습니다. 건강을 위해 어떻게 할까를 고민하는 대신 이 병원 저 병원 쇼핑처럼 다니는 사람도 있습니다. 병원을 자주 다니는 것이 건강해지는 길이라고 생각합니다. 과연 그럴까요? 병원을 자주 찾는 것과 건강에 어떤 상관관계가 있을까요? 내 건강에 대해 공부하지 않고 외주를 주어도 상관없을까요? 우리는 몸에 대해 얼마나 알고 있을까요?

혈압 높은 것이 대표적입니다. 나이가 들면 혈압이 높아집니다. 이럴 때 의사들은 '몸에는 별다른 해가 없다'면서 혈압약을 권합니다. 물론 필요하면 먹어야 합니다. 하지만 혈압은 대부분 조금만 운동하면 대번에 좋아집니다. 왜 이 간단한 방법을 놔두고 쓸데없이 약을 평생 먹으려 할까요? 자기를 위해서일까요, 의사를 위해서일까요, 아니면 도탄에 빠진 제약 회사를 위해서일까요? 몸에 좋은 약이 존재할 수 있을까요?

젊은 여성들이 하는 다이어트도 그렇습니다. 여성들의 미에 대한 집착은 본능적입니다. 조금이라도 뚱뚱한 자신을 용서하지 못합니다. 비난할 일이 아닙니다. 문제는 방법입니다. 살을 빼기 전 몸에 대해 공부해야 합니다. 잘못된 방식을 사용하면 목적도 달성하지 못하고 몸만 망칩니다. 이들의 니즈는 '살을 별다른 노력 없이 쉽게 빼고 싶다'는 것입니다. 명확하지만 가정이 잘못되었습니다. 살은 쉽게 뺄 수 없습니다. 살이 그렇게 쉽게 빠지면 다이어트 산업은 존재하지 않았을 것입니다. 핵심은 운동과 섭생입니다. 근육을 만들고 체지방을 줄이는 것입니다. 시간이 걸릴 수밖에 없습니다. 단기간 다이어트는 대부분 사기입니다.

제가 처음 운동을 한 이유 중 하나는 트레이너들 때문입니다. 하나같이 날씬하고 피부가 좋고 얼굴에서 광채가 났습니다. 저도 그렇게 되고 싶었습니다. 그런데 생각처럼 몸무게가 줄지 않았습니다. 날씬한 여자 코치에게 그런 고민을 토로하자 그녀가 거꾸로 제게 물었습니다. "제 몸무게가 얼만지 아세요? 59킬로입니다." 깜짝 놀랐습니다. 키가 168센티로 크긴 했지만 그렇게 많이 나갈 걸로는 생각을 못 했기 때문입니다. "체중계는 갖다 버리세요. 몸무게는 정확하지 않은 측정치입니다. 몸무게보다는 허리둘레, 몸맵시를 열심히 관찰하세요. 근육을 만들다 보면 단기적으로는 몸무게가 늘 수도 있습니다"라는 겁니다. 큰 깨달음이 왔습니다.

몸무게가 줄었다고 좋아하지 마세요. 빠지면 안 될 수분과 근육이 줄었을 수도 있습니다. 몸무게가 늘었다고 좌절하지 마세요. 필요한 근육이 만들어졌을 수도 있습니다. 중요한 것은 몸무게가 아니라 몸의 구성비입니다. 말라도 지방이 많은 사람이 있고, 뚱뚱해도 지방보다 근육이 많은 사람이 있습니다. 당연히 후자가 더 건강하겠지요. 우리가 추구하는 것은 몸무게를 줄이는 게 아닙니다. 건강하고 날씬하고 보기 좋은 몸매를 만드는 것입니다. 먹고 싶은 걸 먹으면서 살이 가급적 찌지 않는 그런 몸을 만드는 것입니다. 근육형 체질로 만들면 됩니다. 그러면 기초 대사량이 증가하기 때문에 많이 먹어도 살이 찌지 않습니다.

2년 가까이 운동을 하면서 제 몸무게는 예전과 별 차이가 없습니다. 처음에는 몇 킬로 줄더니 지금은 원위치가 되었습니다. 하지만 몸매는 달라졌습니다. 어깨는 넓어지고, 허리는 가늘어지고, 허벅지는 탄탄해졌습니다. 건강하고 싶나요? 몸에 대해 공부하세요. 내 몸에 대한 것을 함부로 외주 주지 마세요. 그게 정말 나 자신을 사랑하는 길입니다.

창의성
키우기

○

인풋의 숙성 결과가 창의성입니다. 무엇이
든 공부 없이는 되지 않습니다. 학생 시절
을 한마디로 정의하면 무언가를 잔뜩 집어
넣는 시기입니다. 영어 단어, 역사적 사실,
선생님 말씀…… 이런 것들이 언제 어디서
어떤 식으로 발현될지는 아무도 모릅니다.

학창 시절 익혀야 할 게 참 많은데 그중 하나는 창의성입니다. 왜 창의성이 필요할까요? 여러분이 생각하는 창의성은 무엇인가요? 무슨 일을 하든 늘 재정의 再定義하는 훈련을 해야 합니다. 남이 내린 정의가 아닌 나만의 재정의가 중요합니다. 애플 창업자 스티브 잡스 Steve Jobs는 창의력을 연결하는 능력으로 정의합니다. 이미 있던 것들을 잘 연결하는 것이 창의력이라는 겁니다. 스마트폰도 잘 뜯어보면 새로운 게 없습니다. 기존에 있던 것을 새롭게 연결한 겁니다. 창의력을 창의적 해석으로 생각하는 사람도 있습니다. 그런데 창의성과 관련하여 확실한 것이 하나 있습니다.

창의성은 무에서 유를 창조하는 게 아니란 것입니다. 창의성을 뜻하는 영어 단어 'creative'의 어원은 '커지다'라는 뜻의 라틴어 '크레셰레crescere'입니다. 생각이 점차 자라는 걸 말합니다. 한꺼번에 짜잔 하고 나타나는 게 아니라 조금씩 확장된다는 뜻입니다. 음악에서 나오는 '점점 세게'란 뜻의 크레셴도crescendo, 초승달 모양의 빵 크루아상croissant과 어원이 같습니다. 창의성의 사례를 두 가지 보겠습니다.

첫째, 높이뛰기 이야기입니다. 1960년대 높이뛰기 선수들은 모두 앞으로 바를 넘었습니다. 코치들은 예외 없이 "정면을 보면서 바를 향해 머리로 돌진하라"고 가르쳤습니다. 자신이 떨어질 곳을 보면서 도움닫기를 하면 심리적으로 안정될 뿐 아니라 뛰어오던 탄력을 이용해 높이 뛰어오를 수 있다고 생각했던 것이지요. 하지만 딕 포스베리Dick Fosbury란 젊은이가 이런 상식을 비웃고 몸을 비틀어 등으로 바를 넘는 새로운 기술을 선보였습니다. 세계적인 시사지 《타임》조차 유사 이래 가장 웃기는 방법이라며 혹평했고 모든 사람이 그를 비웃었습니다. 심지어 공식 대회에서 이 방법을 인정하면 안 된다는 소리까지 나왔습니다. 그러나 포스베리는 온갖 비웃음을 견디면서 배면背面 도약법을 지킨 끝에 1968

● 덕 포스베리가 기존의 틀을 깨고 고안한 배면 도약법

년 멕시코 올림픽에서 금메달을 목에 걸었습니다. 그동안 자신을 비웃었던 사람들에게 한 방 먹인 것이지요. 그 후 육상계는 그의 배면 도약법을 '포스베리법'으로 공식화해 그의 이름을 청사에 새겼으며, 현재는 모든 높이뛰기 선수들이 배면 도약 방식으로 바를 넘고 있습니다. 이게 창의성입니다.

둘째, 냉장고의 효용성입니다. 에스키모인들에게 냉장고를 팔 수 있는 방법은 무엇일까요? 난감한 질문처럼 보이지만 어는 것을 방지하는 용도로 냉장고를 팔면 됩니다. 냉장고에 대한 시각을 음식을 차갑게 만드는 것에서 얼지 않게 하는 것으로 바꾸는 아이디어입니다.

창의성의 가장 큰 장애물은 고정 관념입니다. 정답은 하나밖에 존재하지 않는다는 편협함입니다. 창의성의 또 다른 말은 유연함입니다. 이 길이 막히면 저 길로 가면 되고, 한쪽 문이 닫히면 다른 문이 열린다는 사실을 기억하는 겁니다. 그렇다면 어떻게 해야 창의성을 키울 수 있을까요?

첫째, 강력한 목표 의식입니다. 지금 시대는 정보가 넘치고 있습니다. 시선을 끄는 것들이 너무 많습니다. 할 일도 많고 하지 말아야 할 일도 많습니다. 홍수 때 목말라 죽듯이 정보의 홍수에서 필요한 정보를 골라내기 위해서는 뭔가를 이루고 말겠다는 확실한 목표가 필요합니다. 확실한 목표 의식과 이룰 수 있다는 자신감은 창의성의 원천입니다.

둘째, 몰입입니다. 한 가지 주제에 대해 깊이 생각하는 게 정말 중요합니다. 궁리에 또 궁리를 하다 보면 방법이 보입니다. 그런데 집중을 위한 조건이 있습니다. 바로 차단입니다. 차단을 해야 집중할 수 있습니다. 쓸데없는 정보와 사건으로부터 나를 보호해야 합니다. 집중적인 사고는 레이저와 같습니다. 난관을 돌파할 수 있는 아이디어는 집중적 사고의 결과물입니다. 이런 집중력 개발은 근육 단련과 같습니다.

셋째, 끊임없이 질문해야 합니다. 질문은 지혜의 시작입니다. 질문을 뜻하는 영어 단어 'question'의 어원은 'quest(탐구하다)'의 어원과 동일한 라틴어 'quaerere(구하다)'입니다. 창조적인 삶은 꾸준한 탐구 생활입니다. 탐구에서 질문은 필수적입니다. 올바른 질문은 창의적인 삶을 살아가는 데 절대적인 역할을 합니다.

넷째, 좋은 루틴입니다. 창의성 하면 흐트러진 생활, 마음대로 사는 것을 상상하기 쉽습니다. 그렇지 않습니다. 반대입니다. 사실 창의성은 좋은 습관의 결과물입니다. 일찍 자고 일찍 일어나는 것, 꾸준히 새로운 책을 읽는 것, 실패해도 다시 도전하는 것, 꾸준함 같은 것이 그것입니다. 루틴이 있어야 컨디션을 조절할 수 있고 컨디션이 좋아야 공부도 잘하고 창의성도 생겨납니다.

다섯째, 좋은 지식과 경험의 축적입니다. 창의성은 쥐어 짜내는squeeze out 것이 아니라 흘러넘치는spill over 것입니다. 인풋이 있어야 아웃풋이 있는데, 창의성이 그렇습니다. 인풋이 없으면 창의성도 없습니다. 흔히 에디슨이나 잡스를 학교 공부를 제대로 하지 않은 창의적인 천재로 생각합니다. 학교 공부를 제대로 하지 않아 창의적인 것이 아닙니다. 두 사람은 학력은 짧지만 엄청나게 많은 독서, 경험, 실험 등을 한 사람입니다. 많은 인풋이 있었기에 그런 거장이 될 수 있었던 겁니다.

기발한 생각은 문득聞得 떠오릅니다. 그런데 문득은 어디선가 들었던 것, 어디선가 본 것, 이미 알고 있던 것 등이 잠재의식 속에 있다가 갑자기 튀어나온다는 말입니다. 인풋의 숙성 결과가 창의성입니다. 무엇이든 공부 없이는 되지 않습니다. 학생 시절을 한마디로 정의하면 무언가를 잔뜩 집어넣는 시기입니다. 영어 단어, 역사적 사실, 선생님 말씀…… 이런 것들이 언제 어디서 어떤 식으로 발현될지는 아무도 모릅니다. 창의성도 인풋에서 출발한다는 사실만은 잊지 말아주세요.

자존감과
행복

○

공부도 그렇고 행복도 그렇습니다. 살면서
가장 중요한 것이 스스로에 대한 인지입니
다. 남이 나를 어떻게 보든, 자신이 스스로
를 어떻게 생각하느냐가 제일 중요합니다.
그게 바로 자존감입니다. 스스로를 존중하
는 마음입니다.

댓글에 유난히 민감한 연예인들이 있습니다. 상처를 받아 자살까지 기도했다는 이야기를 들은 적도 있습니다. 여러분은 이유가 뭐라고 생각하시나요? 돈도 많고 유명한 연예인이 왜 그깟 댓글 때문에 자살까지 한다고 생각하나요? 자존감이 낮기 때문입니다. 스스로를 존중하는 마음이 없기 때문에 남의 말에 휘둘려 인생을 망치는 겁니다. 공부도 그렇고 행복도 그렇습니다. 살면서 가장 중요한 것이 스스로에 대한 인지입니다. 남이 나를 어떻게 보든, 자신이 스스로를 어떻게 생각하느냐가 제일 중요합니다. 그게 바로 자존감입니다. 스스로를 존중하는 마음입니다. 여러분은 스스로를 존중하나요? 아니면 스스로 별 볼 일 없는 존재라고 생각하나요?

여기서 자존감과 자존심을 구분할 필요가 있습니다. 제가 생각하는 자존감은 내가 나를 보는 관점과 평가입니다. 자존심은 남이 나를 보는 관점과 평가입니다. 둘의 차이는 관점의 차이입니다. 자존감은 내가 나를 보는 것이고, 자존심은 남이 나를 보는 것입니다. 자존감은 스스로를 인정하는 것이고, 자존심은 남에게 인정받기를 원하는 것입니다. 둘 사이에는 어떤 상관관계가 있을까요? 자존감이 낮으면 자존심이 쉽게 상합니다. 다른 사람 말에 민감하게 반응합니다. 자존감이 높으면 남이 뭐라 하든 상관하지 않습니다. 쉽게 흔들리지 않습니다. 이게 진짜 중요합니다. 그렇다고 나르시시스트가 되라는 건 아닙니다. 자신에 대한 객관적 평가는 필요합니다.

사실 공부를 잘하기 위해 필요한 것이 자존감입니다. 자존감의 출발점은 유능함인데, 학생에게 유능함은 공부를 잘하는 것입니다. 자존감은 나를 사랑하는 마음에서 출발합니다. 남이 뭐라고 하든 '난 괜찮은 사람이야, 난 사랑받을 자격이 충분히 있어'라고 생각하는 마음입니다. 자존감은 사랑과 존중을 먹고 자랍니다. 요즘 유행하는 분노 조절 장애의 원인 또한 자존감 때문입니다. 자존감은 낮고 자존심이 높은 사람들이 벌이는 행태입니다. 그들은 자신을 우습게 봅니다. 그들은 언제 터질지 모르는 시한폭탄 같은 존재입니다. 자존감이 낮기 때문에 남이 자신을 어떻게 보는지에 극도로 예민합니다. 그냥 바로 본 것인데 째려본 것으로, 자신을 무시한 것으로 생각해 살인까지 저지릅니다. 그냥 끼어든 것인데 끝까지 쫓아가 보복을 합니다. 남에게 화를 낸 것이지만 사실 자기 자신에게 화를 내고 있는 것이지요.

자존감은 자기 자신이 얼마나 가치 있는 사람인가에 대한 종합적인 평가입니다. 제가 생각하는 자존감은 근력, 유능함, 외모에 비례합니다. 자존감을 높이기 위해서는 어떻게 해야 할까요?

첫째, 힘을 길러야 합니다. 근력을 키워야 합니다. 몸이 부실하면 자존감이 떨어집니다. 입원한 환자, 비실비실한 사람에게 자존감을 찾기는 어렵습니다. 저는 10년 이상 헬스를 하면서 근력을 키웠는데 실제 자존감이 높아지는 걸 경험하고 있습니다. 학문적으로도 그렇습니다. 1989년에 R. J. 손스

트림R. J. Sonstroem과 W. P. 모건W. P. Morgan은 신체 능력 향상이 자존감 향상으로 이어진다는 것을 증명합니다. 벤치 프레스의 무게를 올리면서 운동시키는 실험을 통해 근육이 생기고 힘이 좋아질수록 자존감이 상승한다는 결과를 얻었습니다. 건강한 신체에 건강한 마음이 생기는 법입니다. 운동을 하면 자신감이 생기고 자존감이 높아집니다. 반대로 운동을 하지 않고 몸을 돌보지 않으면 자존감은 낮아집니다. 고도 비만인 사람들은 대부분 자존감이 낮습니다.

둘째, 유능함입니다. 실제로 유능해야 하고, 스스로도 유능하다고 생각해야 합니다. 할 줄 아는 게 없는 무능한 사람은 자존감을 갖기 어렵습니다. 학생으로서의 유능함은 무엇일까요? 바로 공부입니다. 공부를 잘하면 자존감이 높아지는 게 당연합니다. 학생 시절 시험을 망치고 석차가 떨어지면 사람을 만나기 싫고 혼자만 있고 싶었던 기억이 있습니다. 지금 생각하면 자존감이 떨어졌기 때문에 그런 것 같습니다. 반대로 성적이 쑥쑥 오르고 선생님으로부터 칭찬을 받으면 자존감이 마구 오르는 것을 느꼈습니다.

셋째, 작은 성공의 축적입니다. 작은 것이라도 성취하는 경험을 반복하는 과정에서 자존감은 높아집니다. 반복적인 승리의 경험이 중요합니다. 일찍 일어나기로 결심하고 일찍 일어나는 것, 하기로 한 약속은 반드시 지키는 것, 끊기로 한 것을 끊는 것, 실패해도 다시 일어서는 것 등등.

마지막은 혼자 있는 훈련입니다. 늘 사람들 속에 있고, 사람들이 옆에 없으면 불안해하는 사람이 있습니다. 위험합니다. 사람은 혼자 있을 때 성장합니다. 혼자 있어야 자신을 들여다볼 수 있고, 책도 읽을 수 있고, 글도 쓸 수 있습니다. 자존감의 출발은 사랑입니다. 내가 나를 사랑하고, 내가 사랑하는 사람이 나를 사랑하고, 서로 사랑을 나눌 때 자존감은 올라갑니다. 자존감이 올라갈 때 공부도 더 잘할 수 있고 대인 관계도 좋아집니다.

3장

공부를 하는
최선의 방법

생산적인
공부법

○

가장 좋은 공부법은 아는 것을 나누는 겁니
다. 읽는 것은 혼자 할 수 있지만 나누는 건
혼자 할 수 없습니다. 혼자 이해하는 데 그
치지 않고 이를 다른 사람과 나눌 수 있어
야 합니다. 자기 생각을 표현하고 남의 생
각을 들을 수 있어야 그것을 내 지식으로
만들 수 있습니다.

유대인들은 왜 똑똑할까요? 어떻게 노벨상도 많이 타고 돈도 많이 버는 걸까요? 그들은 실제 똑똑할까요? 어디선가 유대인이 한국인보다 평균 IQ가 낮다는 이야기를 들은 적이 있습니다. 저는 유대인과 한국인의 차이는 교육 방법의 차이 때문에 발생한다고 생각합니다. 한국인은 조용히 앉아서 선생님의 이야기를 듣습니다. 수업 시간에 떠들거나 질문하면 찍힙니다. 유대인은 반대입니다. 그들은 수업 시간에 시끄럽습니다. 질문을 주고받으며 서로를 다듬어나갑니다.

이는 유대인 학교만이 아닙니다. 뉴햄프셔에 위치한 미국 최고의 명문 고등학교 필립스 엑시터 아카데미도 그렇습니다. 그곳의 수업은 하크니스 테이블Harkness Table이라고 불리는 큰 원형 탁자에서 토론식으로 이루어집니다. 큰 원형 탁자에 교사와 12명의 학생들이 둘러앉아 수업을 합니다. 모든 사람이 상대 얼굴을 보며 토론을 합니다. 모든 사람의 질문과 의견, 아이디어가 동등하게 오고 갑니다. 이런 수업 방식 덕분에 필립스 엑시터 아카데미는 평범한 학교에서 세계최고의 명문이 될 수 있었다고 합니다. 영국의 옥스퍼드 대학교 역시 비슷합니다. 이 학교는 질문을 통한 소통과 협력의 공부를 지향합니다. 일대일로 개인 교습을 하는 튜터링 tutoring 수업입니다. 교수가 한두 명의 학생을 집중적으로 개별 지도하며 질문하고 답을 합니다. 혼자 가르치고 받아 적는 것만으로는 한계가 있습니다.

선생님은 이야기하고 학생은 듣는 것이 우리 교육의 풍경입니다. 이 방법은 저학년 때는 효과적이지만 학년이 올라갈수록 효과적이지 않습니다. 듣는 것보다는 스스로 보고 이해하는 것이 효과적입니다. 더 효과적인 것은 자신이 이해한 걸 다른 사람들과 나누는 것입니다. 말하고 듣고 생각하고 질문하고 토론하는 것, 이것이 교육입니다. 하지만 나이가

● 필립스 엑시터 아카데미에서 하크니스 테이블에 앉아 토론식 수업을 하는 모습

들어 교육을 받을 때도 일방적인 교육 풍경은 변하지 않습니다. 회사의 교육 시간에도 강사는 이야기하고 수강생은 듣습니다. 임원이 되고 사장이 되어도 이들이 아는 교육은 늘 누군가의 이야기를 듣는 것입니다. 제가 아는 어떤 CEO는 일주일에 세 번 조찬 강연에 참석합니다. 대단한 열의입니다. 하지만 제 눈에는 별로 효과적이지 않습니다. 공부를 안 하는 사람보다는 낫지만 이런 식으로 좋은 이야기를 쫓아다닌다고 삶이 달라지지는 않습니다. 변화에 한계가 있습니다. 듣는 식의 교육은 효과적이지 않습니다. 평생을 듣는다고 크

게 변하지 않습니다. 듣는 것보다는 읽는 게 효과적입니다. 그냥 읽는 게 아니라 읽고 이해하고 생각하고 요약해 보면 효과가 커집니다.

가장 좋은 공부법은 아는 것을 나누는 겁니다. 읽는 것은 혼자 할 수 있지만 나누는 건 혼자 할 수 없습니다. 혼자 이해하는 데 그치지 않고 이를 다른 사람과 나눌 수 있어야 합니다. 텍스트를 통해 본 것, 깨달은 것, 적용할 것 등을 이야기해 보는 것이지요. 자기 생각을 표현하고 남의 생각을 들을 수 있어야 그것을 내 지식으로 만들 수 있습니다. 같은 책을 읽고 서로의 생각을 나누면 정말 효과적입니다. 이른바 독서 토론회입니다. 저는 오래전부터 이런 식으로 교육을 진행하고 있는데 정말 효과적입니다.

공부의 효과성을 토대로 순서를 정리해 보면 이렇습니다. 그냥 매일 듣는 게 제일 아래입니다. 아는 것 같지만 실은 아는 게 아닙니다. 안다고 착각하는 겁니다. 듣는 것보다는 읽는 게 파워풀합니다. 들을 때보다 읽을 때 뇌를 많이 쓰기 때문입니다. 그냥 읽는 것보다는 읽고 이해하고 이를 요약해 보는 것이 좋습니다. 다음은 이를 다른 사람들과 나누는 것입니다. 자기 생각을 말로 표현하는 것, 다른 사람의 생각을 듣는 것, 차이를 느끼는 것을 통해 아는 게 훨씬 풍성해집니다. 마지막으로 지식의 정점은 그런 자신의 생각을 글로 옮기는 것입니다.

누차 강조하지만 공부법이 중요합니다. 공부법의 생산성을 생각해야 합니다. 적은 시간을 투자해 많은 효과를 거둘 수 있는 나름의 방법을 찾아야 합니다. 지금의 공부법은 생산성이 떨어집니다. 저의 주장을 요약해 봅니다.

첫째, 일방적 교육 대신 쌍방향 교육이 효과적입니다. 혼자 공부하는 것도 좋지만 공부한 후 배우고 느낀 점을 다른 사람들과 나누는 겁니다.

둘째, 공부는 남이 시켜주는 게 아닙니다. 자신이 알아서 하는 겁니다. 학교 다닐 때부터 이런 훈련을 해야 사회에 나가서도 혼자 공부할 수 있습니다. 학교 졸업 후 책과 담을 쌓은 어른들은 이런 훈련이 되지 않았기 때문입니다. 늘 호기심의 안테나를 세워야 합니다.

셋째, 좋은 프로세스가 좋은 결과를 낳습니다. 무슨 일이

든지 프로세스가 중요한데 공부도 그렇습니다. 무언가를 공부하기로 마음먹었으면 가장 먼저 할 일은 인풋입니다. 자신이 알아서 관련 책이나 논문을 찾아 읽어야 합니다. 물론 효과적으로 읽어야 합니다. 비판적으로 읽고 질문이나 배운 점을 기록합니다.

넷째, 가장 중요한 것은 의문입니다. 의문을 품어야 합니다. 의문이 깨달음의 첫걸음입니다. 의문은 질문으로 이어질 수 있습니다. 무슨 일이든 질문만큼 중요한 건 없습니다. 질문이 없다고요? 공부법에 문제가 있는 겁니다.

다섯째, 요약할 수 있어야 합니다. 요약이란 핵심만 제외하고 나머지는 버리는 겁니다. 공부에서 가장 중요한 것이지요.

마지막은 열띤 토론입니다. 스스로 생각할 수 있어야 하고, 남의 이야기를 들을 수 있어야 합니다. 논리적으로 자기표현을 할 수 있어야 합니다. 토론을 하면서 자기 생각을 끊임없이 조정하고 새로운 인풋을 하면 생각의 지평이 넓어지는데 이게 참공부입니다. 여러분의 공부법에 변화를 줘보세요.

공부할 몸
만들기

○

졸리고 피곤한 상태로 다섯 시간을 앉아 있
는 것과 상쾌한 상태로 한 시간을 몰입해
공부하는 것 중 어느 것이 효과가 있을까
요? 볼 것도 없습니다. 공부를 하기 전에
어떻게 최적의 몸 상태를 만들지 공부해야
합니다.

공부라고 하면 흔히 책상에서 하는 공부를 상상합니다. 물론 공부는 책상에서 합니다. 하지만 책상에 앉는다고 공부하는 건 아닙니다. 책상에 앉아도 컨디션이 나쁘거나 공부하기 싫으면 얼마든지 딴짓할 수 있습니다. 저는 공부에서 가장 중요한 것은 몸 상태라고 생각합니다. 졸리고 피곤한 상태로 다섯 시간을 앉아 있는 것과 상쾌한 상태로 한 시간을 몰입해 공부하는 것 중 어느 것이 효과가 있을까요? 볼 것도 없습니다. 공부를 잘하기 위해서는 자기 몸에 대해 공부해야 합니다. 공부를 하기 전에 어떻게 최적의 몸 상태를 만들지 공부해야 합니다.

어떻게 하면 그런 상태를 만들 수 있을까요? 건강에 가장 좋지 않은 것은 앉아 있는 겁니다. 아무것도 하지 않고 책만 들여다보는 겁니다. 공부를 위해서는 몸을 많이 움직이고 운동을 해야 합니다. 운동하는 틈틈이 공부를 해야 합니다. 공부하는 짬짬이 몸을 움직여야 합니다. 저는 고교 시절 버스 정류장에서 학교까지 30분쯤 걸어야 했습니다. 빨리 걸으면 20분 정도 걸렸는데 그 이후에 공부하면 그렇게 공부가 잘될 수 없는 겁니다. 지식이 머리에 쏙쏙 박히는 경험을 했습니다. 방과 후에는 공부 시작 전 도서관에 가방을 던져놓고 농구를 한 시간쯤 했습니다. 땀을 흘린 후 책을 펴면 그렇게 머리가 맑을 수 없습니다. 반대로 계속 책상에만 앉아 있거나 피곤한 상태로는 절대 공부할 수 없다는 사실을 알았습니다. 그렇습니다. 공부보다 공부를 할 수 있는 최적의 몸을 만드는 것이 더 중요합니다.

그런 면에서 나는 공부보다 운동이 더 중요하다고 생각합니다. 학생 때 땀이 주는 기쁨, 땀 흘린 후의 머리 맑음을 경험해야 합니다. 그렇지 않으면 공부도 그저 그렇고 몸도 나쁜 건강치 못한 사람이 될 가능성이 높습니다. 젊은 시절 운동은 보약과 같습니다. 무엇과도 바꿀 수 없는 귀한 존재입

● 제너럴 일렉트릭의 잭 웰치 회장

니다. 20세기 가장 위대한 경영자인 제너럴 일렉트릭GE의
잭 웰치Jack Welch 회장에게 탁월한 리더십을 도대체 어디서
배웠느냐고 질문했습니다. 그는 잠시 생각하더니 다음과 같
이 이야기했습니다.

"저는 젊은 시절에 운동광이었습니다. 풋볼, 야구, 아이스하
키 등 안 해본 경기가 없습니다. 아이스하키의 경우는 프로
진출까지 고려할 정도였지요. 그런 단체 경기를 하다 보면
자연스럽게 리더십에 대해 생각하게 됩니다. 우선 좋은 선

수가 있어야 한다는 것도 알게 됩니다. 그렇지만 그것만으로는 부족하지요. 팀워크가 이루어져야 합니다. 전략이 있어야 합니다. 저는 기업 운영의 모든 노하우를 스포츠를 통해 배운 것 같습니다."

그래서인지 성공한 CEO 중에는 유난히 젊은 시절 운동을 열심히 한 사람이 많습니다.

운동은 단순히 몸을 튼튼히 하는 수준을 넘어섭니다. 인격을 키우는 역할을 하고 대인 관계에 대한 깨달음을 줍니다. 몸이 건강하면 마음도 건강한 법입니다. 운동을 좋아하는 사람은 운동을 싫어하는 사람에 비해 성격적으로 원만할 확률이 높습니다. 운동은 지적으로도 최고의 성과를 내게 합니다. 그래서 운동을 잘하는 사람이 일도 잘하고 공부도 잘합니다. 운동을 안 하고 계속 책상에 붙어 있는 사람이 일을 많이 할 것 같지만 그렇지 않습니다. 계속 책상에 앉아 있으면 머리가 띵해지고 생산성이 오르지 않습니다. 운동으로 땀을 빼면 새로운 에너지가 넘치게 됩니다. 집중력도 발휘할 수 있습니다. 운동은 최상의 명상 도구입니다. 달리다 보면, 산을 오르고 산책을 하다 보면 생각이 정리됩니다. "가능한 한

앉아서 지내지 마라. 자연 속에서 자유롭게 몸을 움직이면서 얻는 게 아니라면 어떤 사상도 믿지 마라." 독일 철학자 니체Friedrich Wilhelm Nietzsche의 말입니다.

운동은 산소 공급기 같은 역할을 합니다. 피 끓는 젊은이들의 머리를 맑게 해주고 영혼을 다스려줍니다. 운동을 하면 자신감이 생기고 삶에 대해 긍정적 시각을 갖게 됩니다. 그래서 운동을 많이 한 젊은이는 얼굴이 맑습니다. 눈빛이 형형합니다. 격렬한 운동으로 땀범벅이 된 후 샤워를 하는 사람이 삶을 부정적으로 보는 일은 상상하기 힘듭니다. 반면, 운동이 부족한 사람 중에는 부정적인 사람이 꽤 많습니다. 밤낮 책상에만 붙어 있고 운동을 모르는 사람은 삶을 삐딱하게 볼 확률이 높습니다. 자신의 몸을 다스리지 못하니까 몸과 마음이 찌뿌둥한데 그 잘못을 엉뚱한 곳에 돌리는 겁니다. 우리 생각이 부정적인 것은 어쩌면 우리 몸이 지쳤기 때문일 수 있습니다.

운동을 하다 보면 정신이 육체를 지배하는 것이 아니라, 육체가 정신을 지배한다는 깨달음을 얻게 됩니다. 운동은 몸과 영혼을 치유합니다. 보상이며 즐거움의 근원입니다. 최고의 재충전 방법입니다. 운동은 해서 좋은 것이 아니라 반드시 해야만 하는 일입니다. 그리고 그런 운동은 가능한 한 젊을 때 많이 하는 것이 효과적입니다.

공부는 힘들고, 좋은 대학 가기는 하늘의 별 따기처럼 어렵습니다. 대학을 졸업해도 취직하기 힘들고, 미래는 보이지 않습니다. 정말 청춘은 힘든 시절입니다. 그런 고달픔을 잊는 방법 중 하나가 운동으로 땀을 흘리는 것입니다. 땀을 흘린 후 공부에 전념하는 겁니다. 화가 나시나요? 운동을 하세요. 불만 때문에 머리가 돌 것 같은가요? 운동으로 푸세요. 딴 생각 때문에 공부를 못 하겠나요? 미친 듯이 달려보세요. 20세기 심리학의 아버지 윌리엄 제임스William James는 이런 이야기를 했습니다. "운동에서 구원을 찾으라. 운동을 통해 다른 실제적인 일들이 베풀지 못하는 가르침을 얻을 것이다." 청춘의 뜨거운 피를 운동으로 달래기 바랍니다.

공부법을
달리하라

○

쉽게 배운 지식은 쉽게 사라집니다. 공부
는 어려운 겁니다. 하기 싫은 겁니다. 그
런데 어렵고 힘들게 배운 지식이 오래갑니
다. 공부에도 'No pain, no gain'이 해당
됩니다. 아픔 없이는 얻는 게 없다는 말입
니다. 공부 역시 아픔이 있어야 합니다. 아
픈 만큼 성숙합니다.

무엇을 공부할 것이냐 못지않게 어떻게 공부할 것이냐가 중요합니다. 젊은 시절부터 자기에게 맞는 공부법을 터득하는 것이 공부를 잘하는 최고의 방법이라고 생각합니다. 관련한 책도 많습니다. 여기서는 《어떻게 공부할 것인가》라는 책을 소개하고 거기에 내 생각을 더해 공부법에 관한 이야기를 나눠보도록 하겠습니다.

공부가 재미있나요? 대부분의 사람은 공부에 재미를 느끼지 못합니다. 공부법을 모르기 때문입니다. 아마 공부 방법에 대해서는 생각조차 해본 적이 없을 겁니다. 《어떻게 공부할 것인가》는 11명의 학자가 10년간 수행한 '교육현장 개선을 위한 인지심리학의 응용' 연구를 집대성한 결과물입니다. 결론부터 이야기하면 지금 우리가 사용하는 공부법은 효과적이지 않다는 겁니다. 오히려 공부에 정떨어지게 하는 방법이란 말이 맞을 수도 있겠네요. 그렇지만 무슨 일이든 쉽게 얻을 수 있는 건 없습니다. 쉽게 배운 지식은 쉽게 사라집니다. 공부는 어려운 겁니다. 하기 싫은 겁니다. 그런데 어렵고 힘들게 배운 지식이 오래갑니다. 공부에도 'No pain, no gain'이 해당됩니다. 아픔 없이는 얻는 게 없다는 말입니다. 공부 역시 아픔이 있어야 합니다. 아픈 만큼 성숙합니다.

공부를 하는 최선의 방법은 무엇일까요? 바로 시작입니다. 책상에 앉아 책을 펼쳐야 합니다. 사실 시작이 가장 어렵지만, 일단 시작하면 무엇이든 할 수 있습니다. 그렇다면 시작의 반대말은 무엇일까요? '미루기'입니다. 과제를 해야 하고 시험 준비를 해야 하지만 이 핑계 저 핑계를 대면서 미루는 겁니다. 그 결과는 무엇일까요? 바로 벼락치기 공부입니다. 미룬다는 뜻의 영어 단어는 'procrastinate'인데, 이 단어에는 또 다른 뜻이 있습니다. 바로 벼락치기입니다. 미루면 벼락치기를 할 수밖에 없다는 데서 유래한 것이 아닐까 생각합니다. 그런데 벼락치기는 효과가 있을까요? 효과는 있는데, 문제는 그 효과가 하루도 가지 못한다는 겁니다. 벼락치기로 공부한 것은 벼락처럼 빠져나갑니다.

공부의 시작은 의심입니다. 공부법도 그렇습니다. 지금 우리가 사용하는 공부 방법을 의심해야 합니다. 현재의 공부법은, 선생은 강의하고 학생은 그냥 앉아서 듣는 것입니다. 효과적이지 않습니다. 듣는 사람 입장에서 힘든 게 없기 때문입니다. 들을 때는 그럴듯하지만, 그건 배우는 사람의 지식이 아니라 강의하는 사람의 지식입니다. 공부법의 핵심 몇 가지를 소개합니다. 몇 가지나 실천하고 있는지 점검해 보세요.

첫째, 인출 연습retrieval practice입니다. 머릿속 지식을 자꾸 끄집어내는 겁니다. 듣는 대신 머리로 떠올리고, 말로 해보고, 글로 적어보는 겁니다. 내 친구 중에 재미난 이야기를 끝도 없이 잘하는 친구가 있습니다. 레퍼토리가 무궁무진합니다. 어떻게 그렇게 많은 걸 기억하냐는 친구들의 질문에 그는 이렇게 답합니다. "별거 없어, 난 들은 얘기는 꼭 여러 사람에게 써먹거든." 인출이란 바로 이런 겁니다. 배운 것을 자꾸 떠올리고 사용해 보는 겁니다. 안다고 생각하는 것과 실제 아는 것은 다릅니다. 선생님에게 수업을 받았다고 아는 건 아닙니다. 그건 들은 것에 불과합니다. 뭔가를 실제 내 지식으로 만들기 위해서는 들은 것, 배운 것을 주기적으로 인출해야 합니다. 자주 떠올려보는 겁니다. 배우는 것만큼 배운 걸 생각하고 떠올릴 시간이 필요합니다.

둘째, 시간 차 연습space out practice입니다. 외과 수련의 38명을 대상으로 현미경을 이용한 미세혈관 접합 수술 교육을 실시했습니다. 한 팀은 하루에 네 번 수업을 듣게 했고, 다른 팀은 일주일 간격을 두고 네 번 수업을 듣게 했습니다. 결과가 어땠을까요? 하루에 모든 수업을 듣게 한 팀이 훨씬 나쁜 평가를 받았습니다. 집중 연습은 생각보다 효과가 좋지 않습니다. 한꺼번에 하는 집중 연습보다 시간 차이를 둔 연습이 효과적입니다. 새로운 지식은 쉽게 장기 기억으로 전환되지 않습니다. 한꺼번에 뭔가를 쑤셔 넣는 것보다는 시간 차를 두고 하는 것이 효과적입니다. 일종의 숙성 과정입니다. 그런 면에서 벼락치기 공부는 피해야 합니다. 시험을 보고 나면 깨끗이 사라집니다. 이보다는 시간 차를 두고 연습하거나 공부하는 것이 효과적입니다.

셋째, 다양한 문제를 섞어서 공부하는 겁니다. 우리는 집중에 대한 환상을 갖고 있습니다. 하나를 완벽히 끝내고 그 다음 것을 해야 한다는 것이지요. 그런데 실험 결과는 다릅니다. 집중보다는 이것저것 왔다 갔다 하면서 공부하는 것이 효과적입니다. 두 집단을 대상으로 실험을 했습니다. 한 팀은 단원별로 집중 학습을 시켰습니다. 그 단원에 해당하는 연습 문제를 모두 풀게 한 후 다음 단원으로 넘어갔습니다. 다른 한 팀은 여러 유형을 섞고 단원도 섞으면서 공부를 시켰습니다. 당연히 기말고사는 모두 뒤섞어 출제합니다. 어느쪽이 유리할까요? 여러 유형을 뒤섞어 공부한 학생이 유리합니다. 물론 배울 때에는 좀 더 고생할 수도 있습니다.

넷째, 자기 힘으로 문제에 도전하는 겁니다. 보통 문제가 생기면 우선 검색을 하거나 물어보면서 바로 답을 찾으려고 애를 씁니다. 뇌를 써서 고민할 생각을 하지 않습니다. 그러지 말라는 겁니다. 먼저 스스로의 힘으로 문제를 풀려고 노력해야 합니다. 사전 지식 없이 문제를 풀어보아야 합니다. 그런 연후에 뭔가 힌트나 정보를 받게 되면 그 지식은 완벽히 자기 지식이 됩니다. 사무왕교지의師無往敎之義란 말이 있습니다. 스승은 절대 제 발로 걸어오지 않는다는 말입니다. 뭔가를 애타게 고민할 때 스승은 나타나는 법입니다. 현재 어떤 문제를 갖고 있나요? 그것에 대해 충분히 고민했나요? 혹시 고민 대신 검색만 하고 있는 건 아닌가요?

이외에도 새로운 내용을 기존 지식과 연결하는 것, 배운 걸 자기만의 방식으로 다른 사람에게 표현하는 것, 요약표를 만들어 배운 걸 정리하는 것 등이 좋은 학습 방법입니다.

열심히 공부했는데 결과가 나쁜가요? 별로 공부하지 않았는데 결과가 좋나요? 현재 여러분의 공부법을 뒤돌아보세요. 저는 입력 시간과 출력 시간을 따로 두고 공부합니다. 입력의 핵심은 독서지만, 출력의 핵심은 걷기입니다. 걸으면서 하는 공부, 전철이나 버스 안에서 하는 생각은 정말 좋은 공부법입니다. 그냥 걷는 게 아니지요. 배운 걸 떠올리면서 걷는 겁니다. 기억이 안 나면 다시 찾아보는 것이지요. 여러분도 자신에게 맞는 공부법을 꼭 찾아보세요.

적자생존

○

대부분의 사람은 생각과 말까지는 하는데 글이 빠져 있습니다. 그렇기 때문에 글을 쓸 수 있다는 건 엄청난 무기를 장착한 것과 같습니다. 그래서 적자생존이란 농담이 나온 것 같습니다. 적는 사람이 생존한다는 것이지요.

현재 한국에서 '공부를 잘한다'의 정의는 무엇일까요? 제가 생각하는 공부 잘하는 학생의 특징은 착실하고 성실하다, 선생님 말씀을 잘 듣는다, 수업 시간에 집중한다, 예습과 복습을 철저히 한다, 시험에 나올 만한 문제를 잘 기억했다가 이를 쓴다 정도입니다. 물론 쉬운 일이 아닙니다. 공부에는 성실성이 가장 중요하다고 생각합니다. 착실해야 합니다. 농땡이 치고 선생님 말을 안 듣는 학생이 공부를 잘할 수는 없습니다. 그런데 2% 부족한 게 있습니다. 정말 중요한데 하지 않는 것이 있습니다. 바로 글쓰기 수업입니다. 자기 생각을 글로 표현하는 훈련입니다.

여러분은 글을 좀 쓰시나요? 태어나서 한 번도 자기 생각을 글로 표현한 적이 없다고요? 그렇다면 지금이라도 당장 일어나 본인 생각을 글로 옮겨보세요. 아는 걸 글로 표현해보세요. 세상이 달라질 겁니다. 사실 공부 중 가장 중요하지만 현재 소홀히 하는 것이 글쓰기 공부입니다. 다른 공부는 잘하지만 글쓰기가 약한 친구들은 미국 명문 대학에서 실패합니다. 들어가긴 하지만 졸업을 못 하는데 바로 에세이 쓰기 때문입니다. 미국은 글쓰기의 중요성을 강조해 문과나 이과 할 것 없이 수시로 특정 이슈에 대해 자기 생각을 써야 하는데 이 훈련이 되지 않았기 때문입니다.

저 역시 공대를 나왔고 마흔이 넘어 본격적인 글쓰기를 시작했는데 늘 아쉬운 게 하나 있습니다. 좀 더 일찍부터 글을 썼다면 얼마나 좋았을까 하는 것입니다. 저는 40권 넘게 책을 썼지만 아직도 글을 쓰는 건 큰 스트레스입니다. 늘 써야 할 글이 머릿속을 차지하고 있습니다. 숙제 하나 끝내면 다음 숙제가 기다리고 있고, 이 고개를 넘으면 다음 고개가 기다리고 있는 격입니다. 더구나 글을 읽는 사람이 늘어나면서 글에 대한 기대 수준이 높아져 대충 쓸 수가 없습니다. 글이 써지지 않을 때는 스트레스를 많이 받습니다. 마감일을 앞둔 사람들의 스트레스는 전쟁터에 끌려갈 때 받는 스트레스의 세 배쯤 되지 않을까 생각합니다. 그런데 왜 글을 쓸까요?

첫째, 글쓰기는 가장 좋은 공부 방법입니다. 무엇을 공부하느냐 만큼 어떻게 공부하느냐가 중요하고, 그 핵심 중 하나는 인출입니다. 배운 걸 떠올리고 사용해야 합니다. 그런데 대부분 강의를 듣거나 외우기만 할 뿐 사용할 기회가 적습니다. 인풋은 있는데 아웃풋은 없는 것이지요. 먹기만 하고 배설하지 않으니 지식의 변비 현상이 일어나고 공부가 재미없게 되는 겁니다. 글쓰기는 가장 좋은 인출 방법입니다. 자신이 아는 건 무엇이고 모르는 것은 무엇인지, 무엇을 더 공부해야 할지 확실해집니다.

둘째, 글쓰기 자체가 공부입니다. 누구나 한 번쯤 커닝 페이퍼를 만들어본 기억이 있을 겁니다. 시험에 나올 만한 단어나 글이나 공식 등을 작은 종이에 쓰는 건데, 쓰다 보면 어떤 일이 일어날까요? 쓰는 동안 외워져서 커닝 페이퍼를 사용할 필요가 사라지는 겁니다. 이게 바로 글쓰기의 효용성입니다. 쓰는 행위는 손가락과 뇌를 같이 사용하기 때문에 그냥 눈으로 보고 외우는 것보다 뇌에 잘 박힙니다. 따라서 공부할 때는 눈과 소리와 손을 같이 써야 합니다.

셋째, 글을 쓰면 생각이 정리됩니다. 공부는 공부 자체로도 효용성이 있지만 공부가 실생활에 도움이 될 때 그게 진짜 공부입니다. 글쓰기가 진짜 공부인 이유는 글쓰기가 바로 생각 정리이기 때문입니다. 머리로만 생각하면 생각이 정리되는 대신 엉킵니다. 생각을 정리하는 최선의 방법은 알고 있는 것을 글로 표현하는 겁니다. 강의를 듣거나 책을 보면서 떠오른 자기 생각을 글로 옮기는 겁니다.

사회에 나가서 필요한 역량 중 하나는 '자기 의견'입니다. 자기 의견이 왜 중요할까요? 자기 의견이 있어야 일을 잘합니다. 사업을 할 때도 사업에 대한 자기 의견이 있어야 성공할 수 있습니다. 젊은 시절부터 다양한 주제에 대한 자기 의견을 가져야 합니다. 그런데 자기 의견을 생산하는 최선의 방법이 바로 글쓰기입니다. 글을 쓰다 보면 정말 내가 하고 싶은 말이 무언지를 알게 됩니다. 확실히 알고 있는 것과 어설프게 알고 있는 것을 구분할 수 있습니다. 어설픈 것은 글로 옮길 수 없습니다. 글을 쓰다 보면 내 자신을 갈고닦고 있다는 걸 느끼게 됩니다. 나를 뒤돌아볼 수 있습니다. 무엇보다 글을 쓰다 보면 진정한 나와 마주 설 수 있습니다. 글로는 나를 속일 수 없기 때문입니다.

넷째, 글을 쓰면 사람과 사물을 보는 눈이 달라집니다. 예사로이 보아 넘기던 일도 새로운 시각으로 보게 됩니다. 여러 곳에서 소재거리를 찾게 되기 때문에 호기심이 강해집니다. 책도 많이 보게 되고, 인기 있는 물건이나 장소가 있으면 그것을 구입하고 경험하려고 노력합니다. 말하는 것도 달라집니다. 생각하는 힘이 강해지기 때문에 철없는 행동을 자제하게 됩니다. 배움의 기쁨을 알고 무언가 배우려 하기 때문에 질문이 많아집니다.

공부를 잘한다고 일을 꼭 잘하는 건 아닙니다. 공부를 잘한 만큼 나중에 일도 잘할 수 있어야 하는데, 그 방법 중 하나가 글쓰기입니다. 글쓰기만 한 무기는 없습니다. 일을 잘한다는 건 생각을 잘하는 겁니다. 남들이 하지 못한 생각을 할 수 있고, 같은 사물을 다르게 해석할 수 있습니다. 말도 그렇습니다. 말을 잘한다는 건 생각이 잘 정리되어 있다는 것이고, 그건 글을 쓰면서 할 수 있는 일입니다. 결국 생각, 말, 글이 모두 같은 선상에 놓여 있습니다. 생각을 정리해야 말을 잘할 수 있고 말을 잘해야 글을 잘 쓸 수 있는데, 글은 생각을 정리하는 가장 좋은 도구입니다.

대부분의 사람은 생각과 말까지는 하는데 글이 빠져 있습니다. 그렇기 때문에 글을 쓸 수 있다는 건 엄청난 무기를 장착한 것과 같습니다. 사실 저처럼 공대를 나와 공학박사를 받은 사람이 이런 활동을 할 수 있는 가장 큰 이유도 글쓰기 덕분입니다. 글을 쓰는 것만큼 투자 대비 효과가 큰 일은 찾기 힘듭니다. 그래서 적자생존이란 농담이 나온 것 같습니다. 적는 사람이 생존한다는 것이지요.

공부와
시간 관리

○

공부를 잘하기 위한 가장 중요한 팁이 바로
시간 관리입니다. 시간의 생산성을 높여야
합니다. 결론부터 이야기하면 적은 시간
공부하지만 최고의 성적을 올리는 겁니다.
최악은 반대입니다. 하루 종일 공부하지만
성적이 나쁘고 시험만 봤다 하면 떨어지는
겁니다.

젊은 시절 제가 가장 많이 쓰던 말 중 하나는 "새털같이 많은 날"이란 말이었습니다. 돈도 없고, 오라는 곳도 없고, 별다른 건수가 없던 제가 가진 것은 오로지 시간밖에 없다는 생각 때문이었지요. 그렇기 때문에 시간의 소중함, 시간 관리라는 단어는 아예 제 머릿속에 존재하지 않았습니다. 당연히 되는대로 살았고, 급한 일부터 처리했고, 무슨 일이 닥치면 그때부터 생각하기 시작했습니다. 어떤 일에 열정을 가진 적도 없었습니다. 남들이 하던 대로 저도 살았습니다. 남이 공부하니까 저도 공부했고, 남들이 대학 가니까 저도 갔고, 남들이 취직하니까 저도 취직을 했지요. 목표 의식 같은 건 없었고 열정 또한 없었습니다. 게으르지는 않았지만 그렇다고 열심히 살지도 않았습니다. 그러니 눈에 띄는 성과나 보람 같은 것은 없었지요. 오히려 세월이 흐를수록 세상에 대한 원망과 한숨만 늘었습니다. 세상 모든 것이 마음에 들지 않았습니다. 자신이 한심하고 미웠습니다. 그러다 제 눈에 띈 말이 있습니다. "당신의 불행은 언젠가 당신이 잘못 보낸 시간의 보복이다"라는 말입니다. 처음 이 말을 듣고 너무 큰 충격을 받았습니다. 바로, 저를 두고 한 말 같았기 때문입니다.

여러분은 현재 어떻게 살고 있나요? 분초를 쪼개어 살고 있나요? 아니면 되는대로 살고 있나요? 미래에는 어떤 삶을 살고 싶나요? 돈도 많고, 지위도 높고, 떵떵거리면서 살고 싶다고요? 지금처럼 살면서 그렇게 살 수 있을까요? 밝은 미래가 갑자기 펼쳐지지는 않습니다. 미래는 늘 현재의 연장선 상에 있습니다. 지금 그 사람이 사는 걸 보면 미래 그 사람의 삶을 상상할 수 있습니다. 아무래도 공부를 열심히 하고 잘하는 사람이 잘살 확률이 월등 높습니다. 공부를 안 하는 핑계를 찾는 대신 어떻게 하면 공부를 잘할 수 있을까를 고민해야 합니다. 그런데 공부를 잘하기 위한 가장 중요한 팁이 바로 시간 관리입니다. 시간의 생산성을 높여야 합니다. 결론부터 이야기하면 적은 시간 공부하지만 최고의 성적을 올리는 겁니다. 최악은 반대입니다. 하루 종일 공부하지만 성적이 나쁘고 시험만 봤다 하면 떨어지는 겁니다. 현재 여러분들의 시간 관리 수준은 어떤가요?

제가 생각하는 인생은 시간입니다. 인생은 시간으로 구성되어 있습니다. 시간은 공평합니다. 누구에게나 주어진 시간은 같습니다. 부자라고 시간이 더 많고, 가난하다고 시간이 적은 건 아닙니다. 결국 잘 산다는 것은 주어진 시간을 얼마나 잘 사용하는가에 달려 있습니다. 저처럼 나이 육십이 넘으면 더욱 시간이 소중해집니다. 이미 너무 많은 시간을 썼기 때문에 남은 시간이 얼마 없다는 깨달음을 얻습니다. 나이가 들수록 시간은 화살처럼 빨리 달려갑니다. 시간 공부는 시간의 소중함을 깨닫는 데서 출발합니다. 다음의 사례는 거기에 관한 이야기입니다.

"영하 50도가 되는 겨울날 형장에 끌려와 기둥에 묶였다. 사형 집행 시간을 생각하며 시계를 보니 땅 위에 살 수 있는 시간이 딱 5분 남아 있었다. 28년을 살아왔지만 단 5분이 이리도 천금 같기는 처음이었다. 이제 5분을 어떻게 쓸까 생각해 봤다. 형장에 같이 끌려온 동료들에게 마지막 인사를 한마디씩 하는 데 2분이 걸리고, 오늘까지 살아온 인생을 생각하는 데 2분을 쓰기로 했다. 남은 1분은 오늘 이시간까지 발붙이고 살던 땅과 자연을 마지막으로 한번 둘러보는 데 쓰기로 했다. 마지막 인사를 하는 데 2분이 흘렀다. 이제 삶을 정리하자니 문득 3분 뒤엔 어디로 갈 것인가 하는 생각이 들면서 눈앞이 캄캄하고 정신이 아찔했다. 28년 세월이 지나도록 매 순간을 아껴 쓰지 못한 것이 아프게 후회됐다. 이제 다시 한번만 살 수 있다면 순간순간을 정말 값지게 쓰련만! 이윽고 탄환을 장전하는 소리가 들렸다. 나는 죽음의 공포에 몸을 떨었다. 바로 그때였다. 형장이 떠들썩하더니 한 병사가 흰 수건을 흔들며 달려오고 있었다. 황제의 특사령을 받아 온 병사였다."

1849년 4월 도스토옙스키의 이야기입니다. 그는 공상적 사회주의자 서클인 페트라솁스키 비밀 결사에 관련돼 체포됩니다. 페트로 파블롭스키 감옥에 8개월 감금됐다가 사형

● 러시아의 대문호 도스토옙스키

선고를 받았고, 총살 집행 직전 황제의 특사를 받아 기적적
으로 죽음을 모면합니다.

　결국 인생은 시간 활용의 게임입니다. 공부도 그렇습니다.
주어진 시간은 모두 같기 때문에 이 시간 활용이 그 사람의
인생을 좌우합니다. 제가 생각하는 시간 관리의 핵심은 '소
중한 것 먼저 하기'입니다. 학생 때는 가장 중요한 게 바로
공부입니다. 지금 소중한 걸 먼저 하지 않으면 나중에는 뭔

가 하고 싶어도 할 수 없는 무능한 존재가 됩니다. 지금 소중한 걸 하지 않으면 남는 건 후회밖에 없습니다. 다음은 시간을 기록하는 겁니다. 어디에 가장 많은 시간을 쓰는지 기록해 보는 겁니다. 그리고 시간을 잡아먹는 나쁜 습관을 버리는 겁니다. 아마 스마트폰이 일등일 겁니다. 그래서 공부할 때 스마트폰을 꺼놓는 것도 하나의 방법입니다. 몇 시간 안 본다고 세상이 무너지지는 않습니다. 생산성의 핵심은 차단과 몰입입니다. 쓸데없는 정보를 차단한 후 해야 할 일에 집중하는 겁니다. 이게 내가 생각하는 생산적인 공부입니다.

시간을 낭비하는 건 사치의 절정입니다. 낭비한 돈은 나중에 벌 수도 있지만, 지금 낭비한 시간은 벌충할 방법이 없습니다. 내일은 무슨 일이 벌어질지 모릅니다. 그렇기 때문에 현재, 지금의 시간을 값지게 써야 합니다. 노안이 온 지금 저는 눈이 좋을 때 책을 실컷 읽어두지 않은 걸 후회하고 있습니다. 내일 시력이 없어질지 모른다는 마음가짐으로 눈을 잘 사용해야 합니다. 쓸데없이 스마트폰을 보는 대신 한 글자라도 영양가 있는 책을 읽어야 합니다.

"사람이 젊을 때는 인생을 무한한 것으로 생각하고 그렇게 행동을 한다. 하지만 나이가 들수록 시간을 경제적으로 쓴다. 왜냐하면 노년에는 살아가는 하루하루가 마치 고등 법정으로 끌려가는 죄인이 한 걸음씩 걸을 때마다 느끼는 것과 같은 그런 감정을 일깨우기 때문이다." 독일 철학자 쇼펜하우어Arthur Schopenhauer의 말입니다. 시간은 생명입니다. 시간을 함부로 쓰는 건 생명을 갉아먹는 행위입니다.

수면과 성적

○

한동안 '사당오락四當五落'이란 말이 돌아
다닌 적이 있습니다. 5시간 자면 떨어지
고, 4시간 자야 붙는다는 말입니다. 수면
시간을 줄여 공부하라는 것인데 말도 안 되
는 이야기입니다. 공부를 잘하기 위해서는
충분히 자야 합니다.

입학 시즌에는 늘 서울대학교 수석 합격자 이야기가 회자됩니다. 그들이 무슨 말을 할지는 안 봐도 비디오입니다. "예습 복습을 철저히 했습니다. 선생님 말씀 잘 듣고 별도의 학원에는 다니지 않았습니다. 충분한 수면을 취했습니다"가 그것입니다. 필수 항목은 바로 수면에 관한 이야기입니다. 그런데 이상한 점이 있습니다. 수면을 줄였다는 이야기는 들은 적이 없고, 늘 충분한 수면을 취했다는 이야기를 합니다. 왜 그럴까요? 그들이 거짓말을 하는 걸까요?

한동안 '사당오락四當五落'이란 말이 돌아다닌 적이 있습니다. 5시간 자면 떨어지고, 4시간 자야 붙는다는 말입니다. 수면 시간을 줄여 공부하라는 것인데 말도 안 되는 이야기입니다. 공부를 잘하기 위해서는 충분히 자야 합니다. 물론 수면 시간보다 수면의 질이 중요합니다. 수면의 질을 최대한 높여야 합니다. 공부와 수면은 정말 밀접한 관계가 있습니다. 여기서는 수면에 대해 공부해 보겠습니다.

1950년 미국 암협회에서 흥미로운 조사를 했습니다. 100만 명 이상의 사람을 대상으로 영양, 운동, 수면 등에 대한 기초 조사를 실시했고 6년 뒤 이들의 건강 상태를 추적 조사했는데, 사망률과 가장 밀접한 관련이 있는 것이 바로 수면이었습니다. 적정 수면 시간으로 알려진 8시간을 숙면하는 사람이 건강하게 장수하고 있었던 겁니다. 잠은 건강에 필수적입니다. 낮에 힘든 일을 겪고 고달프게 살아도 잠을 잘 자면 모든 피곤은 사라집니다. 반대로 잠을 제대로 자지 못하면 그다음 날 생산성이 확 떨어집니다.

그렇다면 잠은 어떤 역할을 할까요? 우리는 낮 동안 엄청난 정보에 노출됩니다. 잠은 피로를 없애고 최고의 상태로 회복시켜 줍니다. 이를 위해서는 머리는 차게, 발은 따뜻하게 해야 합니다. 이른바 두한족열頭寒足熱입니다. 과열된 컴퓨터를 식히듯, 잠을 자는 동안 체온이 떨어지고 뇌에 차가운 피가 흘러 머리를 식히는 겁니다. 잠은 감정을 조절하는 역할도 합니다. 화를 잘 내는 사람, 감정 기복이 심한 사람은 잠을 제대로 자지 못했을 가능성이 높습니다.

잠이 부족하면 어떤 일이 일어날까요? 실제 사례를 소개합니다. "과로와 스트레스에 지친 남자는 겨우 눈을 떴습니다. 그는 며칠간 계속 잠이 부족했습니다. 세수를 하는 둥 마는 둥 허겁지겁 차를 몰고 회사에 도착했습니다. 졸린 눈을 비비고 일을 하는데 아내에게 전화가 왔습니다. 아이를 유치원에 맡겼냐는 것입니다. 그때 비로소 차 뒷좌석에 애들을 두고 왔다는 사실을 깨닫습니다." 픽사에서 실제 일어난 일입니다. 이처럼 잠이 부족하면 정신이 혼미해집니다. 정신이 없고 잘못된 결정을 내립니다. 실제 수면 부족은 대형 사고로 이어지기도 합니다.

영국의 정치가 윈스턴 처칠Winston Churchill은 누구보다 수면을 중시했습니다. 각료 회의를 할 때도 자신의 낮잠 시간 이후로 스케줄을 잡았습니다. 조선의 영조 역시 규칙적 생활과 수면을 통해 건강을 유지했습니다. 어전 회의를 하다가도

● 20세기 최고의 과학자 아인슈타인

식사 시간이 되면 회의를 중지하고 밥을 먹었습니다. 20세
기 최고의 과학자 아인슈타인Albert Einstein이 가장 중요하게
생각한 것도 바로 수면입니다. 그는 10시간 이상 잤습니다.
일 잘하고 공부 잘하는 사람들 대부분은 숙면을 취하는 사
람들입니다.

　역사상 시간 관리를 가장 잘한 사람은 구소련의 과학자 알
렉산드르 알렉산드로비치 류비셰프입니다. 철저한 시간 관

리와 왕성한 연구 활동으로 1만 2천 편의 논문과 70여 권의 저서를 남겼습니다. 몸을 혹사했을 것 같지만 그렇지 않습니다. 당시로는 드물게 82세까지 건강하게 장수했습니다. 비결은 바로 수면입니다. 하루 10시간 이상을 자는 데 할애했고 절대 과로하지 않았습니다. "난 하루 8시간 이상 일해본 적이 없다. 가장 많이 일한 것이 12시간이다." 그의 생활 원칙 몇 가지는 이렇습니다. '의무적인 일은 맡지 않는다. 시간에 쫓기는 일은 하지 않는다. 피로를 느끼면 바로 일을 중단하고 휴식을 취한다. 힘든 일과 즐거운 일을 적당히 섞어서 한다. 10시간 이상 충분히 잠을 잔다.' 류비셰프는 일용할 양식을 대하듯 시간을 경건하게 여겼습니다. 시간을 죽인다는 생각 따위는 하지 않았습니다. 1분 1초도 너무나 소중한 시간이었습니다. 그는 시간을 숭배한 사람입니다.

공부와 관련하여 가장 큰 오해는 바로 수면입니다. 흔히 수면을 줄일수록 공부를 잘할 수 있다고 생각하는데, 이보다 더 큰 착각은 없습니다. 공부를 잘하기 위한 최선의 방법은 바로 충분한 수면입니다. 수면 경쟁력이 공부의 경쟁력입니다. 제가 생각하는 수면 방법 몇 가지를 소개합니다.

첫째, 일찍 자고 일찍 일어나는 겁니다. 이게 가장 중요합니다. 11시 이전에 자야 몸을 회복시키는 호르몬이 나옵니다. 잠을 제대로 자지 않은 채 띵한 머리로 공부하는 것은 설거지를 안 한 그릇에 밥을 퍼서 먹는 것과 같습니다.

둘째, 규칙성입니다. 늘 같은 시간에 자고 같은 시간에 일어나야 합니다. 최악은 들쑥날쑥 잠을 자는 것입니다.

셋째, 잠을 잘 자기 위한 준비를 해야 합니다. 일찍 자고는 싶지만 잠이 오지 않는다는 말을 많이 합니다. 맞는 말입니다. 잠은 노력한다고 잘 수 있는 게 아닙니다. 잠이 와야 잘 수 있습니다. 잠을 잘 자기 위해서는 활동량이 많아야 합니다. 많이 움직이고 걸어야 합니다. 하루 한 시간 이상 햇볕을 쬐어야 합니다. 뇌를 많이 써야 합니다. 대인 관계도 활발해야 합니다. 최악은 오래 앉아 있는 것입니다.

넷째, 수면의 최대 방해물은 스마트폰입니다. 자기 전부터 스마트폰을 보지 말아야 합니다. 잘 때 진동 소리에 깨지 않도록 꺼두거나 다른 장소에 두는 것이 좋습니다.

다섯째, 수면에 변화를 주기 위해 수면 일지를 써보는 겁니다. 잠을 잘 잔 날은 왜 그랬는지, 잠을 못 잔 날 공부가 잘됐는지 등을 기록하는 것입니다.

결론적으로 저는 공부의 생산성은 수면의 품질에 좌우된다고 생각합니다. 열심히 공부하는데 성적이 시원치 않나요? 여러분의 수면 습관을 전면적으로 다시 들여다보길 바랍니다.

운을 부르는
공감 능력

○

나를 좋아하는 사람이 많으면 좋은 운이 들
어오는데, 운을 부르는 최고의 방법이 바로
공감입니다. 눈을 마주치며 그 사람의 입장
에서 생각하는 것은 그 자체로 최고의 인정
이고 격려입니다. 당연히 공감 능력이 뛰어
난 사람이 좋은 운을 갖게 되는 겁니다.

최근에 알게 된 서울아산병원 박소연 교수의 글을 읽었습니다. 그녀는 젊은 나이에 열심히 공부해 치과 의사가 되었고, 현재 7살 된 아들을 키우고 있어서 학교 교육에 관심이 많습니다. 교육 현장을 잘 알고 있는 그녀의 글을 전한 후 제 생각을 이야기하겠습니다.

최근 대치동 일타 강사 현우진이 인터넷 강의에서 한 말이 화제가 되고 있습니다. 수능으로 인생이 결정되는 시대는 끝날 것이며, 7~8년 안에 수능이 없어질지도 모른다는 겁니다. 앞으로는 어떤 세상이 올지 모르며 그동안의 질서가 '펑'

하고 터질지도 모른다고 예상합니다. 1994년 수능이 도입된 후 30년을 향해 가니 수능의 수명도 끝나가는 것 같습니다. 수능이 없어질지, 아니면 명맥을 유지할지는 모르겠습니다. 하지만 분명한 사실이 있습니다. 학교 수업을 충실히 하고, 수능을 잘 보고 좋은 대학을 가서 좋은 직업을 가지는 것만이 답이 아닌 세상이 오고 있는 건 확실합니다. 그렇다면 어떻게 성장해야 할까요? 미래에는 어떤 사람들이 경쟁력을 가질 수 있을까요? 물론 정답은 모릅니다. 아무도 알 수 없습니다. 하지만 예상할 수 있습니다. 나는 미래의 세상은 '타인의 감정을 살buy 수 있는 사람'이 움직일 것으로 생각합니다. 사람의 감정을 움직이고, 그 감정의 포인트를 알아 지불하게끔 하는 산업, 그리고 사람. 그 부분이 포인트가 되지 않을까요? 그럼 타인의 감정을 사려면 어떤 능력이 발달해야 할까요?

바로 공감 능력입니다. 핵심 능력이 공감 능력이라 생각합니다. 공감을 한자로 풀어보지요. 한가지 공共에 느낄 감感입니다. 한가지로 느낀다는 겁니다. 느낄 감感을 파자하면 다할 함咸 플러스 마음 심心입니다. 함 자는 '모두'나 '남김없이'라는 뜻을 갖고 있습니다. 그러므로 감은 '모조리 느낀다'

는 뜻입니다. 모조리 느낀다는 건 오감五感을 통해 느낀다는 겁니다. 오감을 통해 상대 마음에 한가지 마음으로 닿는 것이 공감입니다. 오감으로 느끼는 것도 어렵고, 그게 한가지가 되기는 더욱 어려운 일입니다.

공감을 잘하려면 어떻게 해야 할까요? 오감으로 느낄 수 있어야 합니다. 무엇을 느껴야 할까요? 내 감정과 기분을 먼저 느껴야 합니다. 내 감정을 오롯이 알아야 상대 감정도 이해할 수 있습니다. 자신의 감정과 기분을 모르는 사람은 절대 타인을 이해할 수 없습니다. 흉내만 내는 것입니다. 감정의 다양함과 미묘한 차이를 아는 사람만이 타인의 감정을 이해할 수 있고 더 나아가 그 감정이 원하는 바를 제공할 수 있는데, 그곳에 바로 부가 있고 성공이 있지 않을까요?

그렇다면 공감 능력을 어떻게 키울 수 있을까요? 예술을 많이 접하고, 책을 읽고 경험을 많이 하는 것이 중요할까요? 물론 중요하다고 생각합니다. 경험하고 느낀 바가 많을수록 해석할 수 있는 능력이 커집니다. 그런데 이는 기초 체력이 아닌 응용 능력이라고 생각합니다. 제가 생각하는 공감의 기초 체력은 '잊어버리지 않는 것'입니다. 무슨 말일까요?

아기들은 욕구가 명확합니다. 말은 못하지만 배가 고프다,

졸리다, 기저귀가 축축하다 등 본인의 욕구와 감정을 자기 나름의 표현으로 충분히 표현합니다. 자기감정을 확실히 알고 있습니다. 조금 더 크면 주 양육자와 상호 작용을 하기 시작합니다. 아기들은 주 양육자의 표정을 살피고 따라 합니다. 엄마가 웃으면 웃고 엄마가 울면 웁니다. 애착 관계가 충분히 형성되면 엄마의 상태를 살피기도 합니다. 자기감정을 알고 상대 감정을 살핍니다. 아기들은 이미 가지고 있는 능력입니다. 하지만 나이가 들면서, 학교의 규율을 만나면서 점차 그런 능력을 잃어버립니다. 감정을 억누르면서 나중에는 자신이 슬픈지 기쁜지 잊어버립니다. 자기감정을 잊은 사람이 타인의 감정을 알 수는 없습니다. 거의 불가능에 가깝습니다.

그리스어로 진리는 '알레테이아'입니다. '기억한다, 깨어 있다'는 뜻입니다. 영어로 교육하다는 'educate'인데 어원은 내면에 있는 것을 '밖으로 끄집어내다'라는 뜻입니다. 진리는 잊힌 것을 기억하는 것이고, 교육이란 이미 가지고 있는 것을 밖으로 꺼내는 것이라는 말입니다. 수능이 없어지고 새로운 시대가 올 때 가장 중요한 게 공감 능력이란 말입니다.

여기서부터는 제 생각입니다. 어떻게 사는 게 잘 사는 것인지 모르시나요? 세상에 그걸 모르는 사람은 없습니다. 공부도 그렇고, 착하게 사는 것도 그렇고, 운동의 중요성도 그렇습니다. 여러분은 이미 모든 걸 알고 있습니다. 그런데 뭐가 문제일까요? 알고는 있지만 늘 잊고 산다는 게 문제입니다. 깨어 있는 대신 잠자고 있기 때문에 문제가 되는 겁니다. 진리를 뜻하는 알레테이아의 원뜻이 '기억한다'란 말에 제가 격하게 공감하는 이유입니다. 공부는 사실 알고 있는 걸 다시 기억하는 것을 뜻합니다. 공감도 그렇습니다. 제가 생각하는 공감은 상대에 대한 존중심의 표현입니다. '내가 너를 충분히 인정하고 있다, 그러니 이야기를 해봐라, 나는 언제나 네 편이다'라는 의사 표현입니다.

잘 사는 사람의 공통점은 운이 좋다는 겁니다. 그런데 운은 사람으로부터 옵니다. 나를 좋아하는 사람이 많으면 좋은 운이 들어오는데, 운을 부르는 최고의 방법이 바로 공감입니다. 눈을 마주치며 그 사람의 입장에서 생각하는 것은 그 자체로 최고의 인정이고 격려입니다. 당연히 공감 능력이 뛰어난 사람이 좋은 운을 갖게 되는 겁니다. 공감을 여러분의 최고 무기로 장착해 보세요. 삶이 달라질 겁니다.

독서를 통한
공부

○

최선의 공부 방법 중 하나는 독서입니다.
그냥 독서가 아닙니다. 특정 주제에 대한
독서, 아웃풋을 전제로 한 독서, 목적을 가
진 독서를 말합니다. 특정 주제에 대한 공
부 방법으로 저는 아직 독서만큼 효과적인
수단을 알지 못합니다.

공부라고 하면 흔히 강의를 연상합니다. 선생님은 앞에서 이야기하고, 학생은 강의를 열심히 듣고 받아 적는 모습이 그려집니다. 그렇다면 공부를 잘한다는 것은 무엇일까요? 선생님 말씀 잘 듣고 배운 걸 잘 기억했다가 시험 잘 보는 것을 의미합니다. 그런데 그게 진정한 의미의 공부일까요? 지금 환경에서 공부 잘하고 학점 좋은 학생이 사회에서 일도 잘하고 가치 있는 일을 할까요? 그럴 수도 있지만 그렇지 않을 가능성이 높습니다. 시대가 변하고 있습니다. 정보의 양에서 어마어마한 차이가 있는 게 가장 큰 변화입니다. 정보가 적을 때는 선생님의 말씀만으로도 충분했습니다. 선생님이 학생보다 정보가 많고 학생들은 정보를 얻을 수단이 없었기 때문입니다. 지금은 아닙니다. 강연은 특정 주제에 대한 정보를 얻는 수많은 채널 중 하나에 불과합니다. 그렇게 효과적이지도 않습니다. 인터넷만 뒤지면 얼마든지 찾을 수 있는데 그걸 왜 선생님이 입 아프게 이야기해야 할까요?

제가 생각하는 최선의 공부 방법 중 하나는 독서입니다. 그냥 독서가 아닙니다. 특정 주제에 대한 독서, 아웃풋을 전제로 한 독서, 목적을 가진 독서를 말합니다. 특정 주제에 대한 공부 방법으로 저는 아직 독서만큼 효과적인 수단을 알지 못합니다. 독서는 무엇일까요?

첫째, 제가 생각하는 독서는 저자와의 대화입니다. 피터 드러커, 스티븐 코비는 이 세상 사람이 아니지만 그들의 책을 읽으면 저는 그들과 함께 있는 것 같습니다. 두 사람의 책을 읽으면서 얼마나 많은 위로를 받고 깨달음을 얻었는지 모릅니다. 만약 두 사람의 책을 읽지 않았다면 저는 지금도 저만의 아집에 빠져 세상을 미워하며 살 수도 있었을 겁니다. 독서는 혼자 있는 것 같지만 혼자 있는 게 아닙니다. 세상에서 가장 위대한 사람과 함께 있는 시간입니다. 뛰어난 사람과의 만남은 늘 나를 자극합니다. 내가 부족하다는 깨달음을 줍니다. 매일 그런 분들과 시간을 보내는 사람과 생전 그런 분들의 냄새도 못 맡고 지내는 사람은 어떤 차이가 있을까요? 상상에 맡기겠습니다. "좋은 책을 읽는 것은 과거 가장 뛰어난 사람들과 대화를 나누는 것과 같다." 프랑스의 철학자 데카르트René Descartes가 한 말입니다.

둘째, 독서는 인간에 대한 이해의 폭을 넓혀줍니다. 책을 읽으면 다른 사람의 삶을 보게 됩니다. 실제 내가 사는 것은 아니지만 책을 통해 그 사람의 인생을 대충이나마 알게 되고 대리로 사는 경험을 해볼 수 있습니다. 인간은 시간과 공간의 제약 속에 살기 때문에 모든 경험을 다 할 수 없습니다. 모든 인간을 다 만나볼 수도 없습니다. 하지만 책을 통해 다른 사람의 삶을 엿봄으로써 사람에 대한 이해가 넓어집니다. 타인을 이해하는 능력이 높아집니다. 독서를 하지 않으면 이해의 폭이 좁아 자신과 조금만 달라도 거부하고 미워하게 됩니다. 사회생활에서 사람을 이해하는 능력의 중요성은 아무리 강조해도 지나치지 않은데, 독서는 그런 바탕을 제공합니다. 자신과 다른 사고방식을 가진 사람과 만나도 대뜸 거부하는 대신 여유롭게 사귈 수 있는 포용력을 길러줍니다.

셋째, 독서는 저자와의 대화인 동시에 나와의 대화입니다. 독서는 책을 읽는 것 같지만 사실 나를 읽는 행위입니다. 저자의 생각을 읽으면서 나도 모르게 내 생각을 하게 됩니다. 저자의 생각이 내 뇌를 자극해 여러 생각을 하게 되는 겁니다. 책을 보면서 배우고, 새롭게 깨닫고, 그동안의 자신을 돌아보며 반성하면 나도 모르게 성장합니다. 독서는 나 자신과 마주 서게 합니다. 독서를 하다 보면 자신도 모르게 자꾸 질문을 하게 됩니다. 나는 누구인가? 잘 살고 있는가? 이게 내가 원하던 삶인가? 이렇게 살다 죽어도 여한이 없는가? 지금 하는 일이 정말 내가 하고 싶은 일인가? 그렇지 않다면 나는 어떤 일을 하고 싶은가? 이와 같은 근원적인 질문을 던지게 됩니다.

넷째, 독서는 생각의 미끼입니다. 독서는 지적으로 자극을 줍니다. 좋은 생각은 절대 공짜가 아닙니다. 좋은 생각이란 언젠가 보고 듣고 경험했던 일들이 잠재의식 속에 있다가 자극을 받으면 살아나는 것입니다. 책을 읽지 않는다는 건 미끼 없이 낚시를 하려는 것과 같습니다. 미끼가 없어도 아주 가끔은 고기가 잡힐 수 있지만 확률은 지극히 낮습니다. 독서는 저자의 생각을 미끼로 사용해 내 생각을 낚는 것입니다. 저자의 생각을 읽는 것 같지만 사실 내 생각을 파헤치는 것입니다. 나도 모르는 내 마음 깊은 곳을 탐색하는 행위입니다. 독서는 앉아서 하는 여행이고 여행은 걸으며 하는 독서인데, 둘의 공통점은 지적 자극이라는 것입니다. 책은 늘 나를 자극해 내 안 깊은 곳에 숨어 있는 생각을 끄집어냅니다.

다섯째, 독서는 뇌를 단련시키는 행위입니다. 독서를 하면 뇌에 근육이 생기고, 독서를 하지 않으면 뇌 근육이 풀려 흐물흐물한 사람이 됩니다. 눈은 겉으로 드러난 두뇌입니다. 반짝이는 눈을 가졌다는 건 두뇌가 그만큼 발전하고 있다는 증거입니다. 그렇기 때문에 저는 사람들의 눈을 유심히 봅니다. 반짝이는 눈을 가진 사람을 좋아하고, 저 역시 그런 눈을 갖고 싶습니다. 어떻게 하면 그런 눈을 가질 수 있을까요? 독서가 답입니다. 독서를 하면 눈이 반짝이게 되고, 독서를 하지 않으면 눈이 흐릿해집니다. 반짝이는 눈을 갖고 싶으

● 근대 경험론의 선구자 프랜시스 베이컨

면 책을 읽으면 됩니다. 그러면 호기심이 생기고, 호기심이 있으면 열심히 책을 찾아 읽게 되는 선순환이 일어납니다. 나이가 들면 기억력이 가물가물해진다는 말을 합니다. 저는 동의하지 않습니다. 나이가 들어 그런 게 아니라 공부를 하지 않고 책을 읽지 않아 뇌 근육이 빠져 그런 것으로 해석합니다. 나이가 들수록 더욱 책을 읽어야 합니다. 뇌에 영양분을 공급해야 합니다. 밥이 몸에 영양분을 공급하듯, 책은 정신적 양식을 공급합니다. "독서는 충실한 사람을 만들고, 담화는 재치 있는 사람을 만들고, 저술은 치밀한 사람을 만든다." 영국의 철학자 프랜시스 베이컨Francis Bacon의 말입니다.

혹자는 독서하지 않아도 유튜브만으로 충분하다고 생각합니다. 그렇지 않습니다. 독서는 읽는 사람이 적극적으로 개입하지 않으면 정보가 들어오지 않습니다. 유튜브는 만취한 상태에서도 정보가 들어옵니다. 뇌에서 쓰는 부위가 다릅니다. 유튜브만으로 공부한 사람과 책으로 공부한 사람 중누구의 뇌가 더 탄탄할까요? 누가 더 제대로 공부를 하는 걸까요? 저는 게임이 되지 않을 것으로 생각합니다. 독서가 최고의 공부법입니다.

다음 세대를 생각하는 인문교양 시리즈

다음 세대에 전하고 싶은
한 가지는 무엇입니까?

1. 손잡지 않고 살아남은 생명은 없다 • 최재천 지음
★ 아침독서신문 청소년 추천도서 ★ 청소년 북토큰 도서
★ 학교도서관저널 추천도서 ★ 세종도서 교양도서

2. 사랑할 시간이 그리 많지 않습니다 • 장영희 지음
★ 세종도서 문학나눔 도서

3. 왜 주인공은 모두 길을 떠날까? • 신동흔 지음
★ 세종도서 문학나눔 도서 ★ 책따세 추천도서 ★ 도서문화재단 씨앗 주제도서

4. 인연이 모여 인생이 된다 • 주철환 지음

5. 배움은 어리석을수록 좋다 • 우치다 타츠루 지음 | 박재현 옮김
★ 올해의 청소년 교양도서 ★ 청소년 북토큰 도서

6. 내가 행복한 곳으로 가라 • 김이재 지음

7. 새로운 생각은 받아들이는 힘에서 온다 • 김용택 지음

8. 노력은 외롭지 않아 • 마스다 에이지 지음 | 박재현 옮김

9. 내가 읽은 책이 곧 나의 우주다 • 장석주 지음
★ 아침독서신문 청소년 추천도서 ★ 세종도서 교양도서

10. 산도 인생도 내려가는 것이 더 중요하다 • 엄홍길 지음
★ 아침독서신문 청소년 추천도서

11. 나는 매일 감동을 만나고 싶다 • 히사이시 조 지음 | 이선희 옮김

12. 정의, 나만 지키면 손해 아닌가요? • 김경집 지음
★ 올해의 청소년 교양도서 ★ 학교도서관저널 올해의 책
★ 아침독서신문 청소년 추천도서 ★ 청소년 북토큰 도서

13. 자신만의 하늘을 가져라 • 강판권 지음

14. 내 삶의 길을 누구에게 묻는가? • 백승영 지음

15. 옛 거울에 나를 비추다 • 공원국 지음

16. 세상은 보이지 않는 끈으로 연결되어 있다 • 최원형 지음
★ 세종도서 교양도서 ★ 환경정의 선정 올해의 청소년 환경책 ★ 아침독서신문 청소년 추천도서

**공부란
무엇인가**

1판 1쇄 발행 2021년 12월 22일
1판 4쇄 발행 2023년 4월 12일

지은이 한근태
펴낸이 김성구

책임편집 고혁
콘텐츠본부 조은아 김초록 이은주 김지용
디자인 이영민
마케팅부 송영우 어찬 김하은
관리 김지원 안웅기

펴낸곳 (주)샘터사
등록 2001년 10월 15일 제1-2923호
주소 서울시 종로구 창경궁로35길 26 2층 (03076)
전화 02-763-8965(콘텐츠본부) 02-763-8966(마케팅부)
팩스 02-3672-1873 이메일 book@isamtoh.com 홈페이지 www.isamtoh.com

ISBN 978-89-464-2202-5 04080
ISBN 978-89-464-1885-1 04080(세트)

값은 뒤표지에 있습니다.
잘못 만들어진 책은 구입처에서 교환해 드립니다.